ISBN: 978-960-8386-76-1
© Εκδόσεις ΚΕΡΚΥΡΑ Α.Ε.
1η έκδοση, Ιούνιος 2008

ΠΑΡΑΓΩΓΗ: εκδόσεις ΚΕΡΚΥΡΑ
ΜΕΤΑΦΡΑΣΗ: Ιφικράτης Πολάλης
ΔΙΟΡΘΩΣΗ ΕΛΛΗΝΙΚΩΝ ΚΕΙΜΕΝΩΝ: Λίτσα Αχλίου
ΔΙΟΡΘΩΣΗ ΑΓΓΛΙΚΩΝ ΚΕΙΜΕΝΩΝ: Καλλιόπη Γουρντή
ΣΥΝΤΟΝΙΣΜΟΣ ΕΚΔΟΣΗΣ: Φανή Καραφύλλη
ΣΧΕΔΙΑΣΜΟΣ-ΚΑΛΛΙΤΕΧΝΙΚΗ ΕΠΙΜΕΛΕΙΑ & ΕΞΩΦΥΛΛΟ: ad€more

ISBN: 978-960-8386-76-1
© KERKYRA Publications S.A.
1st edition, June 2008

PRODUCTION: ΚΕΡΚΥΡΑ publications
TRANSLATION: Ifikratis Polalis
PROOF-READING (greek version): Litsa Achliou
PROOF-READING (english version): Kalliope Gourntis
PUBLICATION COORDINATOR: Fani Karafylli
BOOK DESIGN & LAY-OUT: ad€more

ΚΕΝΤΡΙΚΗ ΔΙΑΘΕΣΗ

Βλαχάβα 6-8, 105 51 Αθήνα
Τηλ.: 210- 3314.714, fax: 210-3230.338
www.economia.gr, bookstore@economia.gr

DISTRIBUTION

6-8 Vlahava street 105 51 Athens-Greece
Tel.: +30-210-3314.714, Fax: +30-210-3252.283
www.economia.gr, bookstore@economia.gr

ΜΑΓΙΚΗ ΕΛΛΑΔΑ | MAGICAL GREECE

ΜΕ ΤΗΝ ΕΥΓΕΝΙΚΗ ΥΠΟΣΤΗΡΙΞΗ

Ministry of Tourism
Greek National Tourism Organisation
www.visitgreece.gr

ΜΑΓΙΚΗ ΕΛΛΑΔΑ | MAGICAL GREECE

φωτογραφίες ΑΝΔΡΕΑΣ ΣΜΑΡΑΓΔΗΣ | κείμενα ΕΛΕΝΗ ΓΚΕΪΤΖ ||| fotos ANDREAS SMARAGDIS | text ELENI GAGE

ΣΕ ΧΩΜΑΤΑ ΘΑΥΜΑΤΟΥΡΓΑ:

«**Ε**ΛΑΦΡΥ ΝΑ 'ΝΑΙ ΤΟ ΒΗΜΑ ΣΟΥ γιατί εδώ / σε χώματα θαυματουργά στέκεις, φίλε μου», έγραφε το 1943 ο Λόρενς Ντάρελ στο ποίημά του *Στέκοντας όρθιος στην Ιθάκη (On Ithaca Standing)*. Στον παραπάνω στίχο ο Βρετανός δημιουργός -που ίσως πέρασε τα πιο ευτυχισμένα χρόνια της ζωής του στην Ελλάδα- προσπάθησε να εκφράσει αυτό που ονόμαζε «το κλίμα του τόπου», το οποίο έβρισκε στην ύπαιθρο. Η ασίγαστη αγάπη του για το ελληνικό τοπίο αποτελεί συχνή θεματική για το μεγαλύτερο μέρος της συγγραφικής του δημιουργίας. Ο Ντάρελ πάσχισε να έχει μία ξεκάθαρη εικόνα του τοπίου αυτού, παρουσιάζοντας την άγρια ομορφιά της ελληνικής γης ως «ικανή να φοβίσει, όσο και να εμπνεύσει». Ωστόσο, δεν μπορούσε να ξεφύγει από αυτήν τη σαγήνη και στην ουσία προσπάθησε να μεταδώσει το πάθος του και στους άλλους. «Το 'ξερα ότι η Ελλάδα θα σε συναρπάσει», έγραφε σε φίλο του, τον οποίο είχε παρακινήσει να επισκεφτεί τη χώρα. «Το κλίμα εδώ σε απαλλάσσει απ' το φλοιό σου, όσο παλιός κι αν νιώθεις πως είναι ο κορμός σου, σε κάνει μάλιστα να βγάζεις κάτι γερά κλαδιά· σαν να απαλλάσσομαι απ' το φλοιό δέκα χρόνων κάθε φορά που πατάω το πόδι μου στην αθηναϊκή γη». Επίσης, σε επιστολή προς την ατζέντισσά του Αν Ρίντλερ, πάλι επιμένει: «Κάποτε ΠΡΕΠΕΙ να επισκεφθείς την Ελλάδα... Αν υπήρξαν ποτέ κοιλάδες και παραμυθένιοι τόποι όπου η μαγεία αντέχει ακόμη τότε όλα αυτά βρίσκονται εδώ».

Η ελληνική γη και οι άνθρωποι που την κατοικούν

Ως άνθρωπος που μοιράζεται με τον Ντάρελ το ίδιο ασυγκράτητο πάθος γι' αυτή τη χώρα, ο φωτογράφος Ανδρέας Σμαραγδής έχει θέσει ως σκοπό της ζωής του την αναζήτηση αυτών των κοιλάδων και παραμυθένιων τόπων, όπου η μαγεία αντέχει ακόμη, καθώς και την απαθανάτιση αυτού που ονομάζει «Ελλάδα της καρδιάς μου». Γεννημένος το 1947 στο χωριό Γωνιές, στους πρόποδες του Ψηλορείτη, στο νησί της Κρήτης, ο Σμαραγδής ανδρώθηκε έχοντας ολόγυρά του όλη την πνευματική κληρονομιά της Ελλάδας. Όπως θυμάται ο ίδιος, «το χωριό είναι κτισμένο σε λόφο στου οποίου την κορυφή υψώνεται ένας μινωικός ναός. Μεγάλωσα ατενίζοντας με δέος τη σπηλιά όπου οι αρχαίοι μας πρόγονοι έλεγαν ότι γεννήθηκε ο Δίας», ενώ περνάει τα επόμενα εξήντα χρόνια της ζωής του «πλέοντας σε κύματα εικόνων, σαν τον γλάρο πάνω απ' το Αιγαίο ή τον αετό γύρω απ' το βουνό».

Στις φωτογραφίες του ο Σμαραγδής εξακολουθεί να βρίσκει θεότητες σε ιερές σπηλιές, να συναντάει απάτητες βουνοπλαγιές και ανταριασμένες θάλασσες, να ατενίζει με δέος, μέσα από το φωτογραφικό του φακό, τις άκαμπτες γραμμές των αρχαίων ναών και τις εξίσου περήφανες χαρακιές στα πρόσωπα των σύγχρονων αρχαίων Ελλήνων, των ηλικιωμένων χωρικών που συνεχίζουν να κατοικούν σε αυτό το τραχύ, μαγικό τοπίο. Κάθε φωτογραφία του μπορεί να θεωρηθεί ως μια ωδή, όπως το ποίημα του Ντάρελ, ή ως μια ερωτική επιστολή προς μία χώρα που αποτελεί συχνά το αντικείμενο ενός ασυγκράτητου πάθους, το οποίο κρατάει μια ζωή.

«Όπου και να ταξιδέψω η Ελλάδα με πληγώνει», έγραφε ο νομπελίστας ποιητής Γιώργος Σεφέρης. Οι φωτογραφίες του Ανδρέα Σμαραγδή λειτουργούν ως βάλσαμο για την πληγή αυτή, διαφυλάσσοντας την εικόνα ενός αγαπημένου τοπίου και δίνοντας μια γεύση αυτού που ο φωτογράφος αποκαλεί «μαγεία ενός μέρους». Επομένως, το παρόν βιβλίο αποτελεί μια ερωτοτροπία που σκοπός της είναι να προσκαλέσει τον αναγνώστη/την αναγνώστρια σε μια περιήγηση στις σελίδες του, αλλά και σε ένα ριψοκίνδυνο ταξίδι σε χώματα θαυματουργά, καθώς και στην αναψηλάφηση των δικών του/της λαβωματιών από τον έρωτά του/της για την Ελλάδα.

ON MIRACLE GROUND:

"**T**READ SOFTLY FOR HERE YOU STAND/ on miracle ground, boy," Lawrence Durrell wrote in his 1943 poem "On Ithaca Standing." In this verse the British author, who spent perhaps the happiest years of his life living in Greece, tried to give voice to what he called "the spirit of place" that he found in the country. A bruising love of the Greek landstcape was a common theme in much of Durrell's writing. He puzzled over it, describing the wild beauty of the land as being "both frightening as well as inspiring." But he could not escape it, and, in fact, worked to infect others with his passion. "I knew Greece would thrill you," he wrote to a friend whom he had urged to visit the country. "It's a climate that strips the bark however old you feel and pushes out great shoots; I peel ten years off me every time I touch down at Athens." And in a letter to his agent, Anne Ridler, he insisted, "You MUST see Greece one day... If ever there were valleys and enchanted places where the charm still holds good, it is here."

The Greek Land and its people

A man who shares Durrell's almost overwhelming passion for the country, photographer Andreas Smaragdis has made it his life's work to seek out these valleys and enchanted places where the charm still holds good, to capture what he calls "the Greece of my heart." Born in 1947 in the village of Gonies on Mount Psiloriti on the island of Crete, Smaragdis came of age with the entire spiritual history of Greece in his backyard. "The village is on a hill on whose peak there stands a Minoan temple," he recalls. "I grew up gazing in awe at the cave where the ancients say Zeus was born" and has spent the next sixty years "sailing on waves of images, like the seagull over the Aegean or the eagle around the mountain."

In his photographs, Smaragdis continues to find divinity in sacred caves, untamed mountainsides and wild seas, to gaze with awe through his camera lens at the unbending lines of ancient temples, and the equally proud lines in the faces of the modern ancient Greeks, the elderly villagers who continue to populate this rugged, charmed landscape. Each of his photo can be considered an ode like Durrell's poem, or a love letter to a country that is often the object of a lifelong, savage passion.

"Wherever I go, Greece wounds me," the Nobel-prize-winning poet George Seferis wrote. Andreas Smaragdis's photos serve as a balm to that wound, by preserving an image of a beloved landscape and offering a hint of what the photographer calls "the ecstasy of place." This book, then, is a flirtation, meant to invite the reader to turn the page and venture onto miracle ground, and into his or her own wounding love affair with Greece.

μεσ' τα Νερά ||| in the Water

IN THE WATER

"You are not aware so much of a landscape coming to meet you invisibly over those blue miles of water, as of a climate," Lawrence Durell wrote about sailing from Calabria to Corfu in "A Landmark Gone." "Entering Greece is like entering a dark crystal; the form of things becomes irregular, refracted."

For most visitors, entering Greece involves crossing over water, whether it's sailing over the Ionian in a yacht, chugging across the Aegean on a ferry, bumping over the Saronic Gulf in a hydrofoil, or flying in a plane over expanses of blue sea, punctuated by white-tipped waves. Water surrounds Greece and, in part, defines it; the land mass of Greece is no larger than that of the state of Alabama, but throw in the seas and the country stretches from the edge of the Balkans to halfway to Africa, with Crete floating between mainland Greece and the Libyan coast. Today Greeks celebrate their seas, and on May 1st, many families head to the seashore for the first swim of the season, a tradition that's considered so delightful the prostitute in Never on Sunday uses the phrase, "And they all went to the seashore," the same way others might say, "And they all lived happily ever after." But the seas can also be treacherous, and for generations were seen as what separated Greeks in the diaspora, living in *xenitia*, exile, from their loved ones who had stayed behind.

The praises——and lamentations—of the Greek oceans have been sung since Homer described Odysseus crossing the wine-dark sea, but Greek waters can mean any number of things besides the immortal *thalassa*. Along with the sea, Smaragdis has captured Greece's enchanted waterfalls, deceptively placid lakes, shallow salt pans, settled harbors, even a snow-covered shore. The bodies of water on these pages hide many secrets, from the waterfalls said to be the playground of neraiads, to Ioannina's Lake Pamvotis, where the tyrant Ali Pasha drowned his enemies. Going beyond The Big Blue, Smaragdis has captured waters in shades ranging from wine-dark to emerald green, amulet-blue to soft pink to snow-filled gray. In these pages, it seems there are almost as many different types of Greek waters are there are Greeks.

ΜΕΣ' ΤΑ ΝΕΡΑ

«Δεν έχεις τόσο συναίσθηση του τοπίου που έρχεται να σε συναντήσει μυστικά, διανύοντας μίλια πάνω στα γαλάζια νερά, όσο του κλίματος», έγραφε ο Λόρενς Ντάρελ αναφερόμενος στον πλου από την Καλαβρία προς την Κέρκυρα στο έργο του *Ορόσημο παρασυρμένο (A Landmark Gone)*. «Η είσοδος στην Ελλάδα μοιάζει με διέλευση μέσα από διαθλαστικό πρίσμα· η μορφή των πραγμάτων γίνεται ακανόνιστη, διαθλάται».

Ο ερχομός στην Ελλάδα προϋποθέτει για την πλειονότητα των επισκεπτών ένα είδος διάπλου, είτε πρόκειται για ταξίδι με θαλαμηγό στο Ιόνιο, είτε για το αγκομαχητό ενός φεριμπότ που διασχίζει το Αιγαίο, ή για κάμποσα τραντάγματα στα νερά του Σαρωνικού ταξιδεύοντας με ιπτάμενο δελφίνι, ή ακόμη και για ταξίδι αεροπορικό πάνω από μεγάλα κομμάτια γαλάζιας θάλασσας, διάστικτα από τις άσπρες άκριες των κυμάτων. Η Ελλάδα πολιορκείται από το υγρό στοιχείο, το οποίο εν μέρει την οριοθετεί· η μεγαλύτερη συνεχής έκταση ξηράς στην Ελλάδα δεν ξεπερνά σε μέγεθος την αμερικανική πολιτεία της Αλαμπάμα, όταν όμως περικλείει πελάγη και περιφέρεια, απλώνεται από την άκρη των Βαλκανίων ως τα μισά της απόστασης που τη χωρίζει από την Αφρική, με την Κρήτη να βρίσκεται ανάμεσα στην ηπειρωτική Ελλάδα και στις ακτές του Λιβυκού. Οι Έλληνες σήμερα τιμούν τις θάλασσές τους, κι έτσι την Πρωτομαγιά πολλές οικογένειες κατευθύνονται προς τις παραλίες για το πρώτο μπάνιο της χρονιάς, μια παράδοση που θεωρείται ότι προσφέρει τόση ευχαρίστηση ώστε η ιερόδουλη στην ταινία *Ποτέ την Κυριακή* να χρησιμοποιήσει τη φράση «Και έζησαν αυτοί καλά κι εμείς πήγαμε στην παραλία», κατά τον ίδιο τρόπο που κάποιος άλλος θα έλεγε «Κι έζησαν αυτοί καλά κι εμείς καλύτερα». Πάντως η θάλασσα μπορεί να φανεί και άπιστη, και για ολόκληρες γενιές τη θεωρούσαν ως κάτι που χώριζε τους Έλληνες της διασποράς, εκείνους που ζούσαν στην ξενιτιά, από τα αγαπημένα τους πρόσωπα που είχαν παραμείνει στην πατρίδα.

Οι ύμνοι και τα μοιρολόγια που αναφέρονται στα ελληνικά πελάγη άδονται από την εποχή που ο Όμηρος διηγήθηκε τον πλου του Οδυσσέα «επί οίνοπα πόντον» (σε μαύρα πέλα, μτφρ. Εφταλιώτη), τα ελληνικά όμως νερά μπορούν να προσλάβουν οποιαδήποτε σημασία πέραν της αιώνιας «αλός». Μαζί με τη θάλασσα ο Σμαραγδής απαθανατίζει τους μαγευτικούς καταρράκτες της Ελλάδας, τις απατηλά γαλήνιες λίμνες της, τα αβαθή νερά των αλυκών της, τα επίνειά της, ακόμη και μια χιονοσκέπαστη ακτή. Τα υδάτινα σώματα που απεικονίζονται στις σελίδες αυτές κρύβουν πολλά μυστικά, από τους καταρράκτες για τους οποίους λέγεται ότι αποτελούσαν τόπο αναψυχής των Ναϊάδων, έως τη λίμνη Παμβώτιδα των Ιωαννίνων, όπου ο τύραννος Αλή Πασάς έπνιγε τους εχθρούς του. Προχωρώντας πέρα από το απέραντο γαλάζιο, ο Σμαραγδής απαθανατίζει τα νερά σε αποχρώσεις που κυμαίνονται από το μαυροκόκκινο έως το σμαράγδι, καθώς και από το λουλακί των φυλαχτών, το ανοιχτό τριανταφυλλί και το χιονόλευκο γκρίζο. Σε αυτές τις σελίδες, απ' ό,τι φαίνεται, υπάρχουν σχεδόν τόσο πολλά και διαφορετικά είδη νερών όσοι και Έλληνες.

Κοντά στην αρχαία Ολυμπία, όπου οι αθλητές συμμετείχαν στους αρχαίους ελληνικούς Ολυμπιακούς Αγώνες και παρευρίσκονταν σε θρησκευτικές τελετές προς τιμήν των θεών, ο ορμητικός αυτός καταρράκτης στέκει ως μνημείο αφιερωμένο μήτε σε άνθρωπο μήτε και σε θεό, αλλά στη φύση· ίσως και σε ένα πιο μυστικιστικό βασίλειο, καθότι, σύμφωνα με την παράδοση, οι καταρράκτες κατοικούνται από νεράιδες, δηλαδή ξωτικά των νερών.

Near ancient Olympia, where athletes competed in the original Olympic Games and participated in religious ceremonies to honor the gods, this rushing waterfall stands as a monument not to man or God but to nature. And, perhaps, to a more mystical realm, as waterfalls are traditionally said to be populated by nereides, water-sprites.

Τα Κύθηρα έχουν πάρα πολλούς καταρράκτες, συμπεριλαμβανομένου και αυτού που απεικονίζεται στη φωτογραφία, ο οποίος φέρει το όνομα «Φόνισσα», διότι σύμφωνα με έναν τοπικό θρύλο κάποτε δύο γυναίκες διαπληκτίστηκαν στην κορυφή του λόφου και η μία έσπρωξε την άλλη, με αποτέλεσμα η τελευταία, έχοντας παρασυρθεί από τον καταρράκτη, να πέσει στο γκρεμό βρίσκοντας το θάνατο. Άλλη εκδοχή του θρύλου θέλει μια κοπέλα να γλιστρά και να πέφτει, βάζοντας έτσι τον ίδιο τον καταρράκτη στο ρόλο της όμορφης και άσπλαχνης φόνισσας. Σε μικρή απόσταση από τη «Φόνισσα» βρίσκεται η «Νεράιδα», ένας πιο προσηνής καταρράκτης, όπου σύμφωνα με την παράδοση οι νεράιδες στήνουν χορό κάθε βράδυ.

Kythera is full of waterfalls, including this one named Fonissa, or "Murderess", because, according to local legend, two women once argued at the top of the hill, and one pushed the other, who fell off the cliff down the waterfall to her death. Another variant has a young girl slipping and falling, making the waterfall itself the beautiful, violent murderess. Not far from Fonissa is "Neraida", a more benign waterfall where fairies are said to dance each night.

Η έκταση της ακτογραμμής των Κυθήρων ξεπερνά τα 52 χιλιόμετρα, με τους ντόπιους να δηλώνουν σταθερά ότι η Αφροδίτη γεννήθηκε στο νησί τους, αναδυόμενη μέσα από αυτές τις ακτές και παίρνοντας το όνομά της από τον αφρό της θάλασσας. Όσο για τους Κυπρίους, και αυτοί διατείνονται ότι η χώρα τους αποτελεί τη γενέτειρα της συγκεκριμένης θεάς, αλλά οι Κυθήριοι έχουν να προβάλουν ισχυρά επιχειρήματα: Ο Όμηρος ονομάζει την Αφροδίτη «Κυθέρεια», ενώ ο Ησίοδος αναφέρει ότι η θεά γεννήθηκε στα Κύθηρα, τα οποία ήταν σημαντικό κέντρο λατρείας της θεάς του έρωτα.

Kythera has over 52 kilometers of coastline, and locals insist that Aphrodite was born here, rising from these shores and taking her name from the sea foam, the aphro. Cypriots also claim their home as the goddess's birthplace, but the Kytherans can make a good case: Homer called Aphrodite "Kytheria", and Hesiod said she was born on the island, which was a chief center of her worship as the goddess of love.

Τα Κουφονήσια αποτελούνται από δύο μικροσκοπικά νησιά που βρίσκονται ανάμεσα στη Νάξο και την Αμοργό, στις Μικρές Κυκλάδες. Ωστόσο, μόνο το μικρότερο (Επάνω Κουφονήσι) κατοικείται όλο το χρόνο. Η πρασινογάλαζη θάλασσα ανάμεσα στα δύο νησιά υπήρξε πάντοτε, για τους νησιώτες, πηγή εξασφάλισης των προς το ζην· το άγονο έδαφος των Κουφονησίων καθιστά σχεδόν αδύνατη την ενασχόληση με αγροτικές δραστηριότητες, όμως τα νησιά αυτά διαθέτουν το μεγαλύτερο αλιευτικό στόλο ανά κάτοικο (πληθ. 366) σε όλη την Ελλάδα.

Two tiny islands make up Koufonissia, located between Naxos and Amorgos, in the Minor Cyclades. But only the smaller one (Pano Koufonissi) is inhabited year-round. The blue-green sea between them has always been the islanders' source of survival—Koufonissia's arid soil makes most farming impossible, but the islands have the largest fishing fleet per inhabitant (pop. 366) in all of Greece.

Το Κάτω Κουφονήσι φιλοξενεί μία ταβέρνα, λίγα εξοχικά και, αυτό το απόγευμα, έναν απογοητευμένο ψαρά που παλεύει να ξεκολλήσει τη βάρκα του από τη βραχώδη ακτή. Τα Κουφονήσια («Κούφια Νησιά») πήραν το όνομά τους από το μαλακό πέτρωμα των ακτών τους, το οποίο σκάβεται από τη θάλασσα με αποτέλεσμα το σχηματισμό σπηλαίων.

Kato Koufonissi is home to a taverna, a few summer cottages, and, on this afternoon, a frustrated fisherman trying to dislodge his boat from the rocky shore. The Koufonissia, "Hollow Islands" are named for the soft rock on their shores, which has been hollowed out by the sea to create caves.

ΜΕΣ' ΤΑ ΝΕΡΑ ||| IN THE WATER

Η Τήνος είναι περισσότερο γνωστή για τη θαυματουργή εικόνα της Παναγίας, της Παρθένου Μαρίας, ενώ πλήθη προσκυνητών συρρέουν στο νησί, έστω και για λίγες ώρες, με σκοπό να ανέβουν την οδό της Μεγαλόχαρης της Τήνου —ενίοτε περπατώντας στα γόνατα— και να επισκεφθούν το ναό της Παναγίας της Ευαγγελίστριας, έτοιμοι να πάρουν και πάλι το δρόμο της επιστροφής. Ωστόσο, και το υπόλοιπο νησί είναι γραφικό, με τους περιστερώνες, τα χωριά και τα σπάνια τοπία του. Οι ογκόλιθοι αυτοί βρίσκονται πάνω από την παραλία της Λειβάδας, αλλά τέτοια φυσικά γλυπτά από μεγάλους λείους βράχους συναντά κανείς σε όλο το νησί και κυρίως στο βραχότοπο γύρω από το χωριό Βόλακα, ο οποίος ονομάζεται «ο βραχόκηπος των θεών».

Tinos is best-known for the miracle-working icon of the Panagia, the Virgin Mary, and multitudes of pilgrims alight on the island for just a few hours to make their way —sometimes on their knees— to the Church of the Panagia Evangelistria and back. But the rest of the island is also inspiring, with dovecotes, villages, and unusual landscapes. These boulders rest above the beach of Livada, but there are sculptural boulder formations all over the island, notably surrounding the village of Volax, often called "the rock garden of the gods."

Ο φάρος Τουρλίτης, αρχικά κτίσμα του 1887, προειδοποιεί τους ναυτικούς για τα βράχια που κρύβονται στα ανοιχτά της Άνδρου, κοντά στη Χώρα, την πρωτεύουσα του νησιού. Κτισμένος πάνω σε έναν μοναχικό βράχο, απέναντι από τα ερείπια ενετικού κάστρου, ο φάρος μοιάζει να αναδύεται από τη θάλασσα· όσο για τη φύλαξή του, την είχε αναλάβει ένας φαροφύλακας που ζούσε στο εσωτερικό του νησιού. Η Άνδρος, νησί με μακρά ναυτική παράδοση, υπήρξε η γενέτειρα πολλών εφοπλιστικών οικογενειών, συμπεριλαμβανομένης και της οικογένειας Γουλανδρή, η οποία ίδρυσε το Μουσείο Σύγχρονης Τέχνης της Άνδρου, αναδεικνύοντας τη Χώρα σε προορισμό των απανταχού φιλότεχνων, καθώς η θέα της θάλασσας από τις βεράντες του μουσείου συναγωνίζεται σε κάλλος με τα εκτιθέμενα έργα τέχνης. Όπως έγραψε κάποιος στο βιβλίο επισκεπτών του μουσείου: «θάλασσα και τέχνη: αρκούν για να σβήσουν τη δίψα κάποιου».

The Tourlitis lighthouse, built in 1887, warns sailors of the underlying rocks off the coast of Andros, near the capital town of Chora. Rising from the sea on a freestanding cliff that faces a ruined Venetian castle, the lighthouse was tended by a keeper who lived on the coast opposite. An island with a long nautical tradition, Andros is home to many ship-owning dynasties, including the Goulandris family, who built the Museum of Contemporary Art Andros, making Chora an art-world destination, where the view of the sea from the museum terraces is as compelling as the art on the walls. As one visitor wrote in the museum's guest book: "sea and art: they are enough to quench one's thirst."

Ο εικονιζόμενος φάρος —κτισμένος το 1910— στέκεται φύλακας της ακτής, κοντά στο χωριό Λειβάδα της Τήνου. Οι φάροι της Τήνου έγιναν μάρτυρες ιστορικών γεγονότων, το 1940, όταν το ελληνικό καταδρομικό «Έλλη» βυθίστηκε από ιταλικό υποβρύχιο έξω από το λιμάνι της Τήνου, υπαγορεύοντας την είσοδο της Ελλάδας στο Β΄ Παγκόσμιο Πόλεμο. Η επίθεση εξαπολύθηκε το Δεκαπενταύγουστο, ανήμερα της Κοιμήσεως της Θεοτόκου, που αποτελεί τη μεγαλύτερη γιορτή του έτους για το νησί.

This 1910 lighthouse protects the shore near the village of Livada on Tinos. The lighthouses of Tinos were witnesses to history in 1940 when the Elli, a Greek cruiser, was sunk by the Italian army in Tinos's harbor, prompting Greece's entry into World War II. The attack took place on August 15th, the festival of the Dormition of the Virgin Mary, which is the most popular celebration of the year on the island.

Ο γέρος και η θάλασσα: ο εικονιζόμενος καπετάνιος χαράζει με το άσπρο του ψαροκάικο το αρραγές γαλάζιο των νερών στα ανοιχτά του Αλμυρού, στο νησί της Σχοινούσας, το οποίο ανήκει στις Μικρές Κυκλάδες. Είναι μία σχέση που κρατάει από παλιά —τόσο ο άνθρωπος όσο και η θάλασσα μπορούν να το βεβαιώσουν· τα γόνιμα εδάφη του νησιού περιβάλλονται από όρμους και χερσονήσους, ενώ πολλοί από τους 206 κατοίκους του κερδίζουν τα προς το ζην ψαρεύοντας.

The Old Man and the Sea: in his white fishing boat, this captain interrupts the seamless azure shade of the sea off the coast of Almiros on Schinoussa, one of the Minor Cyclades. The man and the sea are engaged in a long-term relationship; the fertile island is surrounded by bays and peninsulas and many of its 206 inhabitants make their living fishing.

Η θαλάσσια έκταση που παρεμβάλλεται ανάμεσα σε αυτά τα αγριολούλουδα και στο απέναντι νησάκι ήταν κάποτε και η απόσταση που χώριζε την ελευθερία από την απομόνωση, την υγεία από την αρρώστια. Στα ανοιχτά των ανατολικών ακτών της Κρήτης βρίσκεται το νησάκι της Σπιναλόγκας, η οποία υπήρξε αποικία λεπρών κατά το διάστημα 1903-1957· οι κάτοικοί της είχαν τεθεί σε καραντίνα, μακριά από τους δικούς τους και χωρίς πρόσβαση στις απέναντι ακτές· έφτιαξαν όμως τα δικά τους καταστήματα και μουσεία, ενώ σχημάτισαν και τοπική κυβέρνηση. Σήμερα το νησάκι αποτελεί ιστορικό μνημείο, το οποίο δεν έχει παρά λίγα αγριοκάτσικα για μόνιμους κατοίκους.

The span of sea between these wildflowers and the islet across from them was also the distance between freedom and confinement, health and illness. The islet of Spinalonga, off the eastern coast of Crete, was a leper colony from 1903 until 1957, where inhabitants were quarantined from their loved ones across the water, and developed their own shops, museums, and local government. Today, it is a museum whose sole permanent residents are a few wild goats.

Μήπως είναι ο Ποσειδώνας με την τρίαινα; Όχι ακριβώς· η εικόνα όμως του θεού της θάλασσας έρχεται στο νου βλέποντας αυτόν τον ψαρά να κρατάει το καμάκι του για να πιάσει μπάφες (θηλυκούς κεφάλους) στις λιμνοθάλασσες που βρίσκονται κοντά στον Πατραϊκό κόλπο, στην πόλη του Μεσολογγίου. Οι ωοθήκες αυτού του ψαριού χρησιμοποιούνται για την παρασκευή αυγοτάραχου, δηλαδή γόνων κεφάλου σε μορφή μικρών ράβδων τυλιγμένων με λεπτό στρώμα κεριού για να συντηρούνται, έδεσμα που αποτελεί τοπική σπεσιαλιτέ.

Poseidon and his trident? Not exactly, but the ancient god of the sea is called to mind by this fisherman, who wields a kamaki, harpoon, to catch flathead mullet in the lagoons near the Gulf of Patras off the town of Messolonghi, This fish's ovaries are used to produce avgotaraho, a bricklike block of cured fish roe which is a specialty of the town.

Είναι γνωστό ότι το Μεσολόγγι υπήρξε κέντρο δράσης κατά τον Αγώνα της Ανεξαρτησίας που διεξήγαγαν οι Έλληνες τη δεκαετία του 1820. Σήμερα το Μεσολόγγι αποτελεί την καρδιά της ελληνικής βιομηχανίας άλατος· στις αλυκές του συσσωρεύονται μεγάλες ποσότητες θαλασσινού νερού που εξατμίζονται το καλοκαίρι, αφήνοντας πίσω τους θαλασσινό αλάτι, η συλλογή του οποίου γίνεται με τον ερχομό του χειμώνα. Η γευστική αυτή σούπα αποτελεί πόλο έλξης για ένα μεγάλο αριθμό πουλιών, στα οποία συγκαταλέγονται λευκοί ερωδιοί, καλαμοκανάδες, αλλά και κορυδαλλοί.

Messolonghi was famous as a center of activism during the Greek War for Independence in the 1820s. But today, it is the center of the Greek salt industry, where salt pans store miles of sea water which evaporates in the summer, leaving behind sea salt to be harvested come winter. The savory substance attracts scores of birds including white herons, stilts, and larks.

Ψαράδες στήνουν στις λιμνοθάλασσες του Μεσολογγίου πρόχειρα καταλύματα, όπως αυτό της φωτογραφίας, τις λεγόμενες πελάδες (ψαράδικες καλύβες), οι οποίες τους χρησιμεύουν ως καταφύγιο όταν ψαρεύουν στα διβάρια (παραδοσιακές ιχθυοκαλλιέργειες), στα νερά με τις παγίδες που βλέπουμε πέρα μακριά.

Fishermen in Messolonghi construct a temporary structure like this, known as a pelada, to use as shelter when they're fishing using divaria, the traps that can be seen in the distance.

Μέσα σε αυτό το χειμωνιάτικο σκηνικό, ένας πελεκάνος τινάζει τον πάγο από τα φτερά του, καθώς στέκεται για λίγο πάνω στην παγωμένη επιφάνεια της λίμνης Ορεστιάδας, κοντά στην πόλη της Καστοριάς, στην περιοχή της δυτικής Μακεδονίας. Πέρα μακριά, τα ασβεστολιθικά βουνά είναι σκεπασμένα με χιόνι.

In this winter scene, a pelican shakes ice from his wings as he pauses on frozen Lake Orestiada, near the city of Kastoria, in the region of western Macedonia. Snow rests on the limestone mountains in the distance.

Ένας μοναχικός ψαράς πιάνει δουλειά από πολύ νωρίς ψαρεύοντας στον πάγο της λίμνης Ορεστιάδας, την ώρα που το πρώτο φως της αυγής χαρίζει ασημένιες και μενεξεδί αποχρώσεις στην παγωμένη λίμνη, στα ασβεστολιθικά βουνά που την περιβάλλουν, καθώς και στον ουράνιο θόλο.

On Lake Orestiada, a lone ice fisherman works in the early hours of the morning, when the glow of the dawn turns the frozen lake, the limestone mountains beyond it, and the sky above them, shades of silver and lavender.

Στη λίμνη Ορεστιάδα ένας ψαράς συναντά τυχαία κάποιους παρεπιδημούντες στην περιοχή· η λίμνη είναι τόπος αναπαραγωγής για πάπιες και ερωδιούς, αλλά αποτελεί και δημοφιλή ενδιάμεση στάση για τους διερχόμενους πελεκάνους.

A fisherman in Lake Orestiada comes upon some of the region's seasonal residents; the lake is a breeding ground for herons and ducks, and a popular stopover for passing pelicans.

Στο Αιγαίο πέλαγος, στα ανοιχτά των ακτών της Μυκόνου, ένα κρουαζιερόπλοιο στέκει επιβλητικό ανάμεσα σε παρατημένες θαλαμηγούς και ψαρόβαρκες, φωταγωγώντας μια παραλία που κάτω από άλλες συνθήκες θα ήταν σκοτεινή. Την ημέρα είναι σπάνιο φαινόμενο να βρει κανείς άδεια ξαπλώστρα στις παραλίες της Μυκόνου· στις πιο μοδάτες από αυτές πρέπει να γίνονται πολλές μέρες νωρίτερα κρατήσεις καθισμάτων κατά την περίοδο αιχμής.

In the Aegean off the shores of Mykonos, a cruise ship reigns over abandoned yachts and fishing boats, illuminating an otherwise darkened beach. By day, an empty sun lounger is a rare sight on the shores of Mykonos; at the more exclusive beaches, chairs must be reserved days in advance in high season.

Όταν αρχίζει να λιώνει ο πάγος, η στιλπνή επιφάνεια της λίμνης Ορεστιάδας αντανακλά τη βυζαντινή πόλη της Καστοριάς, που είναι και το επίκεντρο της παραγωγής ελληνικής γούνας· ίσως το όνομα της πόλης να προέρχεται από τον κάστορα, η γούνα του οποίου υπήρξε βασική πρώτη ύλη για τη γουνοποιία, αλλά το συγκεκριμένο τρωκτικό έχει πλέον εκλείψει από την περιοχή.

When the ice thaws, the glassy surface of Lake Orestiada reflects the Byzantine city of Kastoria, the center of the Greek fur industry, whose name may be taken from kastori, the word for beaver, a former staple of the fur trade, now extinct in the region.

Σαν γέρνει ο ήλιος, οι ταβέρνες αρχίζουν να φωτίζονται γύρω από τη λίμνη Ορεστιάδα και οι ψαρόβαρκες μένουν ακίνητες, παρατημένες από τους καπετάνιους τους, ενώ κάποιες ευσυνείδητες πάπιες αναλαμβάνουν τη φύλαξή τους. Το όνομα της λίμνης αποτελεί έμμεση αναφορά σε κάποιους πιο μυστηριώδεις κατοίκους —πιστεύεται ότι προέρχεται από τις Ορειάδες, νύμφες των λόφων και των βουνών κατά την ελληνική μυθολογία.

As the sun sets, the restaurants surrounding Lake Orestiada begin to turn on their lights, and the fishing boats sit abandoned by their owners, watched over by a few responsible ducks. The lake's name hints at some more mystical inhabitants —it is thought to derive from "oreiades", nymphs of hills and rocks in Greek mythology.

Το καλοκαίρι, η παραλία Λειβανάτες, στο νομό Φθιώτιδας, γεμίζει από ανθρώπους που κάνουν ηλιοθεραπεία. Ωστόσο, η Φθιώτιδα φιλοξενεί και το χιονοδρομικό κέντρο και χειμερινό θέρετρο του όρους Παρνασσού. Το χιόνι σμίγει με τη θάλασσα, αραιά και πού, και τότε η ομπρέλα θαλάσσης στερεώνεται για να προφυλάξει ένα χιονοσκέπαστο παγκάκι αντί για λουόμενους που τους έχει χτυπήσει ο ήλιος.

In summer, Livanates beach, in the region of Fthiotida, is full of sunbathers. But Fthiotida is also home to the ski resort of Mount Parnassos. Occasionally, the snow and the sea meet, and a beach umbrella is used to shelter a snow-covered park bench instead of sun-struck swimmers.

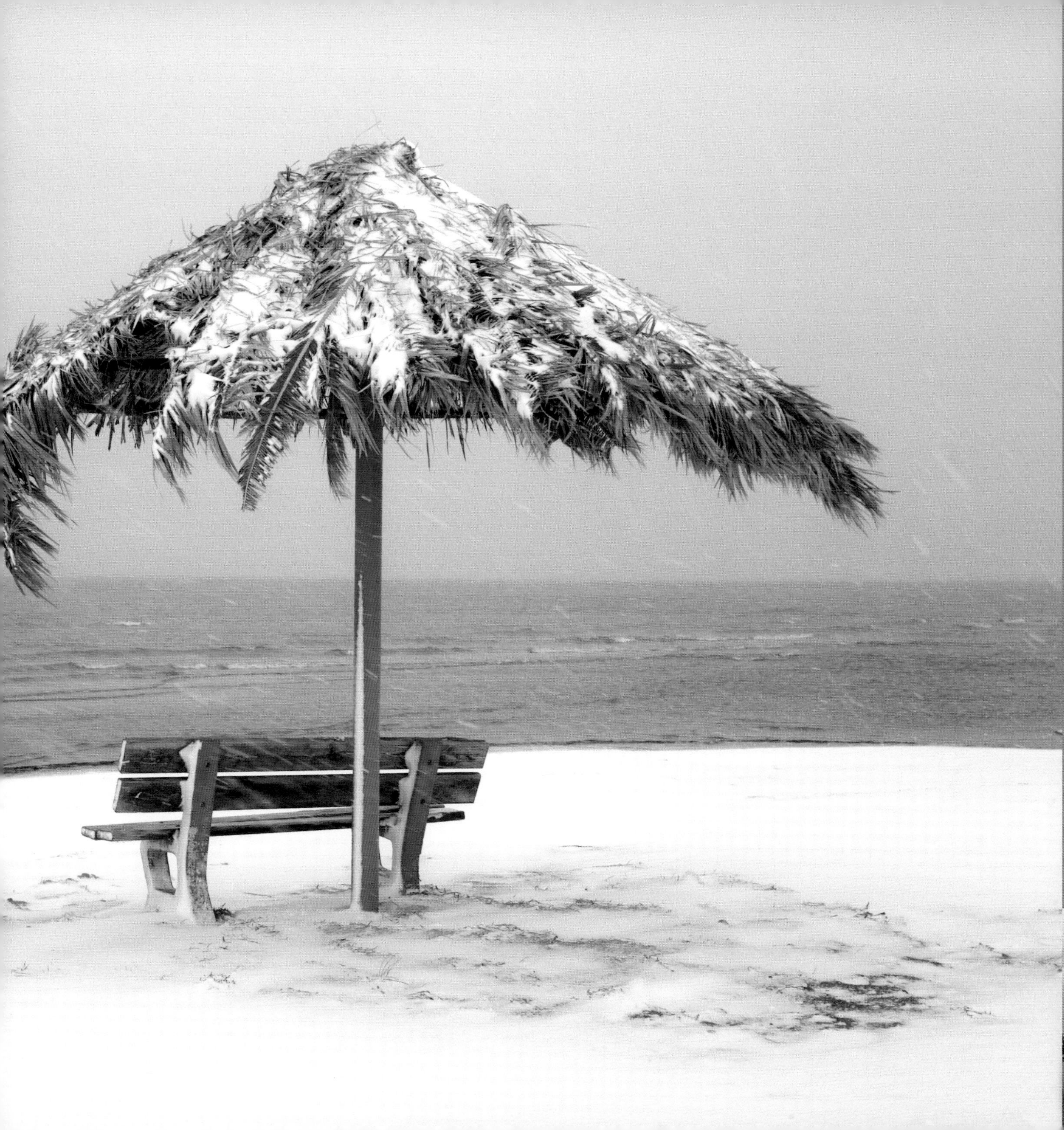

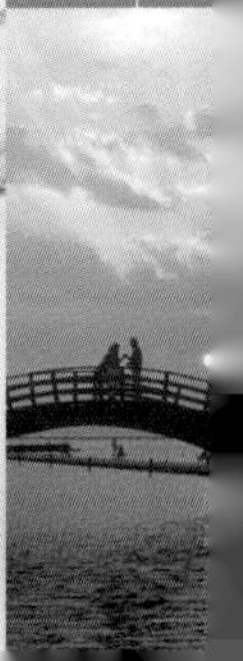

Στο Ιόνιο αρχιπέλαγος, η Λευκάδα είναι το μόνο ελληνικό νησί που ενώνεται με την ηπειρωτική χώρα μέσω υπερυψωμένης διάβασης και κινητής γέφυρας, η οποία ανοίγει προκειμένου να διαπλέουν τα σκάφη. Απέναντι από το κανάλι, στην πόλη της Λευκάδας, η εικονιζόμενη —μικρότερη— σταθερή γέφυρα αποτελεί συχνό πέρασμα όχι για αυτοκίνητα αλλά για τους ερωτευμένους που θέλουν να έχουν λίγη ησυχία, μακριά από τις καφετέριες του λιμανιού, βλέποντας τον ήλιο να γέρνει μεσ' τα νερά της θάλασσας.

Lefkada, in the Ionian archipelago, is the only Greek island to be connected to the mainland, joined by a causeway and a movable swing bridge that rises to allow ships to pass. This smaller, stationary bridge across the canal in Lefkada Town is frequented not by cars but by lovers seeking solitude from the harbor-front cafés, and a view of the sun setting into the sea.

Τις όχθες της Μεγάλης Πρέσπας μοιράζονται τρεις χώρες: Ελλάδα, Αλβανία και Πρώην Γιουγκοσλαβική Δημοκρατία της Μακεδονίας. Ωστόσο, για τους μοναχούς και τις μοναχές που έχουν εκδράμει στη λίμνη υπάρχει και μια πνευματική επικράτεια που βρέχεται από τα νερά της· η περιοχή που περιβάλλει τη λίμνη της Μεγάλης Πρέσπας, έχοντας πλέον κηρυχθεί εθνικός δρυμός, υπήρξε σημαντικό κέντρο της Ορθοδοξίας κατά τη βυζαντινή περίοδο, ενώ ακόμη φιλοξενεί πολλές εκκλησίες, καθώς και ανδρικές και γυναικείες μονές.

The lake of Megali Prespa has shores in three countries: Greece, Albania, and the Former Yugoslav Republic of Macedonia. But to the monks and nuns making an excursion into its waters, the lake borders a spiritual realm as well; now a national park, the area surrounding Megali Prespa was an important center of Orthodoxy during the Byzantine era, and is still home to many churches, monasteries, and convents.

Ο ψαράς που γλιστράει στα νερά της Παμβώτιδας, υπό το γλυκό φως ενός νέου ακόμη πρωινού, δεν ξεγελιέται από τον ελαφρύ κυματισμό στην επιφάνεια της λίμνης· ξέρει την αντάρα που κρύβεται στα βάθη της. Την 11η Ιανουαρίου 1801 έγινε εδώ μια μαζική εκτέλεση, με τον Αλή πασά —τον Αλβανό επικυρίαρχο που διοικούσε τα Ιωάννινα την εποχή της Οθωμανικής Αυτοκρατορίας— να επιστατεί στον πνιγμό των δεκαοχτώ Ελληνίδων που κατηγορούνταν για μοιχεία, ανάμεσα στις οποίες ήταν και η κυρά Φροσύνη, ερωμένη του γιου του, Μουχτάρ πασά. Μερικές φορές οι Γιαννιώτες λένε ότι βλέπουν τα φαντάσματα των γυναικών μεσ' την ομίχλη που σηκώνεται από τη λίμνη.

The fisherman gliding over Lake Pamvotis in the soft light of the early morning isn't fooled by the calm rippling of the water's surface; he knows the turmoil hidden in its depths. On January 11, 1801, it was the site of a mass execution as Ali Pasha oversaw the drowning of eighteen Greek women charged with adultery, including Kyra Frosini, the lover of his son Muhtar Pasha. Ioanniotes sometimes claim to see the woman's ghost in the mist that rises from the lake.

Στα Ιωάννινα διαπλέει κανείς συνεχώς το μέλλον και το παρελθόν. Οι εικονιζόμενοι ψαράδες διασχίζουν τη λίμνη Παμβώτιδα έχοντας μπροστά τους το Λαογραφικό Μουσείο. Το κτίσμα αυτό, που ήταν άλλοτε τζαμί, λειτουργεί ως υπενθύμιση των αιώνων εκείνων που τα Ιωάννινα αποτελούσαν τμήμα της Οθωμανικής Αυτοκρατορίας, αλλά χρησιμεύει και ως υπόμνηση της εποχής της ηγεμονίας του Αλή πασά, του διαβόητου Αλβανού τύραννου που παρείχε φιλοξενία στο λόρδο Βύρωνα και ασκούσε τρομοκρατία στον τοπικό πληθυσμό.

In Ioannina, one is constantly sailing between the future and the past. These fishermen cross Lake Pamvotis with the Folklore Museum in their view. Once a mosque, the museum is a reminder of the centuries in which Ioannina was part of the Ottoman Empire, and the years it was ruled by Ali Pasha, the notorious Albanian tyrant who entertained Lord Byron and terrorized the local population.

Τα Κατάπολα, επίνειο της Χώρας, πρωτεύουσας της Αμοργού, βρίσκονται σε έναν όρμο κάτω από κάποια μινωικά ερείπια, τα οποία σώζονται από τους οικιστές που ήρθαν να ζήσουν στο νησί πριν από 3.000 χρόνια. Τα καθίσματα που είναι τοποθετημένα κοντά στην ακτή μάς υπενθυμίζουν τον τρόπο με τον οποίο κυλάει έκτοτε η ζωή στην Αμοργό, με άλλα λόγια, την όσο το δυνατόν καλύτερη αξιοποίηση των καταγάλανων νερών από τα οποία περιβάλλονται, διαμορφώνονται, αλλά και γοητεύονται, οι κάτοικοί της.

The harbor town of Katapola is the capital of the island of Amorgos, set in a bay below Minoan ruins left by settlers who lived here 3,000 years ago. The chairs pulled up to the shore remind us of life as it has been lived on Amorgos since then, making the most of the clear blue sea that surrounds, defines, and delights the islanders.

Το «Απέραντο γαλάζιο» του Λικ Μπεσόν γυρίστηκε το 1988 στην Αγία Άννα, παραλία της Αμοργού. Η ταινία αποτελεί έναν ύμνο για τα κάλλη της ακτής, ενώ η παραλία είναι αφιερωμένη στην Αγία Άννα που έχει το ξωκλήσι της στο λόφο, όπου και η ασυναγώνιστη θέα στη γαλάζια απεραντοσύνη.

The 1988 Luc Besson film The Big Blue was filmed on this beach, Agia Anna, on the island of Amorgos. The film pays homage to the beauty of the shore, but the beach itself is dedicated to Saint Anne, Agia Anna, whose chapel sits on the hill with a matchless view of the endless azure waters below.

ΜΕΣ' ΤΑ ΝΕΡΑ ||| IN THE WATER

επί Ξηράς ||| on the Land

"Thou small, but favour'd spot of holy ground!" wrote Lord Byron in his poem "Childe Harold's Pilgrimage". He was specifically praising the charms of "monastic Zitsa", a wine-growing region outside of Ioannina, but one could describe all of Greece as a "small, but favour'd spot of holy ground." With an area of only 50,949 square miles, the country is indeed small, and as the countless churches and ancient temples indicate, holy. "Favored" is the only point of contention. One could argue that, at times, the land of Greece seemed cursed, first by invaders from the Franks to the Venetians to the Turks who ruled for almost five hundred years, then by a series of wars and famine that dominated the first half of the 20th century. And much of Greece's land, from the volcanic islands of the Cyclades to the rocky mountains of the North, is arid and difficult to cultivate, a fact which spurred massive numbers of immigrants to leave and seek their fortunes elsewhere during the 19th and 20th century. But when considering the fertile plains of the Peloponnese, the beautiful curves of the country's shores and mountains, and the riot of wildflowers that carpet the earth in Spring, it is impossible not to think of Greece as a wildly favored spot, blessed by nature.

Greece is a land that is haunted by its history —visible in the temples, the mosques, and the mountains themselves— but hallowed by it as well. "The rareness of Greece lies in this singular purity of landscape-awareness, " Lawrence Durrell observed in an essay on Delphi. "The historic memories echo on, drone on like the bees that once droned in the tomb of Agamemnon. " And the poet Yannis Ritsos wrote, "This land is much loved/with patience and dignity. Every night, out of the dry well,/ the statues emerge cautiously and climb the trees."

Smaragdis captures this essential quality of the Greek landscape, the way the light, the earth and the force of history combine to make every tree in his photos seem like the tree the gods whispered from at Dodona, every sheep the Golden Fleece, every column a message from the ancients. In these timeless images, the Greek land contains memories of the past and inspiration for the future.

ΕΠΙ ΞΗΡΑΣ

«**Σ**υ ο μικρός, μα ευνομημένος, τόπος πάνω σε χώματα ιερά!» έγραφε ο λόρδος Βύρων στο ποίημά του "Το προσκύνημα του Χάρολντ Τσάιλντ". Αν και εδώ εξυμνείται η ομορφιά του «Μοναστηριού Ζίτσας», μίας οινοπαραγωγού περιοχής έξω από τα Ιωάννινα, ωστόσο όλη η Ελλάδα θα μπορούσε να περιγραφεί ως «μικρός, μα ευνομημένος, τόπος πάνω σε χώματα ιερά». Με συνολική έκταση μόλις 131.940 τετρ. χλμ., όντως πρόκειται για μία μικρή αλλά και ιερή χώρα —όπως φανερώνουν οι αμέτρητες εκκλησίες και οι αρχαίοι ναοί της. Όσον αφορά το «ευνομημένος», ο χαρακτηρισμός αυτός αποτελεί και το μοναδικό σημείο διαφωνίας. Θα μπορούσε να υποστηρίξει κανείς ότι η ελληνική γη έδινε κατά περιόδους την εντύπωση πως είναι καταραμένη επικαλούμενος: πρώτον, τους κατακτητές, είτε αυτοί λέγονται Φράγκοι, είτε Ενετοί, ή ακόμη και Τούρκοι, οι οποίοι επέβαλαν την κυριαρχία τους για σχεδόν μισή χιλιετία, και δεύτερον, τα κύματα πολέμων και λιμού που επικράτησαν κατά το πρώτο ήμισυ του 20ού αιώνα. Επίσης, πολλά από τα ελληνικά εδάφη —από τα ηφαιστειογενή νησιά των Κυκλάδων έως και τα βραχώδη βουνά στα βόρεια της χώρας— είναι άγονα και η καλλιέργειά τους δύσκολη, κάτι που ώθησε πάρα πολλούς Έλληνες να μεταναστεύσουν και να αναζητήσουν αλλού την τύχη τους κατά το 19ο και 20ό αιώνα. Αν όμως αναλογιστούμε τις εύφορες πεδιάδες της Πελοποννήσου, το όμορφο ανάγλυφο των ακτών και των βουνών της χώρας, αλλά και την υπεραφθονία αγριολούλουδων με τα οποία σκεπάζεται η γη την άνοιξη, τότε είναι αδύνατον να μη θεωρηθεί η Ελλάδα ως ένας εξαιρετικά ευνομημένος τόπος, ευλογημένος από τη φύση.

Η Ελλάδα είναι μία χώρα που στοιχειώνεται από την ιστορία της —όπως αυτή μπορεί να ιδωθεί στους ναούς, στα τεμένη και στα ίδια τα βουνά της— αλλά και καθαγιάζεται από αυτήν. «Η σπανιότητα της περίπτωσης που ονομάζεται Ελλάδα έγκειται στην ξεχωριστή αυτή καθαρότητα της συναίσθησης του τοπίου της», σημείωνε ο Λόρενς Ντάρελ σε δοκίμιό του για τους Δελφούς. «Οι ιστορικές μνήμες εξακολουθούν να αντηχούν, να βομβούν σαν τις μέλισσες που παρήγαν άλλοτε τον βόμβο τους πάνω από τον τάφο του Αγαμέμνονα». Όμως και ο ποιητής Γιάννης Ρίτσος έγραφε: «Πολύ αγαπιέται αυτός ο τόπος / με υπομονή και περηφάνια. Κάθε νύχτα απ' το ξερό πηγάδι / βγαίνουν τ' αγάλματα κι ανεβαίνουν προσεχτικά στα δέντρα».

Ο Σμαραγδής απαθανατίζει την ουσιώδη αυτή ιδιότητα του ελληνικού τοπίου, τον τρόπο με τον οποίο το φως, η γη και η δύναμη της ιστορίας συνδυάζονται, ώστε όλα τα δέντρα στις φωτογραφίες του να στέκουν σαν αυτό απ' όπου οι θεοί σιγοψιθύριζαν στη Δωδώνη, έτσι ώστε η κάθε προβιά να μοιάζει με χρυσόμαλλο δέρας και κάθε κίονας να υψώνεται σαν μήνυμα σταλμένο από τους αρχαίους προγόνους. Σε αυτές τις άχρονες απεικονίσεις η ελληνική γη περικλείει μνήμες του παρελθόντος, καθώς και δύναμη έμπνευσης για το μέλλον.

Στην επαρχιακή αυτή πρωτεύουσα, τη Λαμία, το αμπέλι της φωτογραφίας παραμένει γαλήνιο περιμένοντας να μεστώσουν τα σταφύλια της ποικιλίας καμπερνέ. Παρ' όλα αυτά, λίγο πιο νοτιοανατολικά της Λαμίας βρίσκονται οι θερμοπύλες, το μέρος όπου τριακόσιοι Σπαρτιάτες έχασαν τη ζωή τους το 480 π.Χ., προβάλλοντας σθεναρή αντίσταση ενάντια στον τεράστιο περσικό στρατό του Ξέρξη κατά τον Β΄ Περσικό Πόλεμο.

This field in the provincial capital of Lamia remains peaceful, waiting for cabernet grapes to grow. But just southeast of Lamia is Thermopylae, the site where three hundred Spartans perished in 480 BC, during their last stand against Xerxes' vast Persian Army in the second Persian War.

Σ' ένα σκηνικό που με την έλευση της άνοιξης στήνεται σ' όλη την Ελλάδα, οι ελαφρά ροζ και βυσσινί αποχρώσεις αυτού του δέντρου δημιουργούν μια καταπληκτική αντίθεση με το ζωηρό πράσινο των γύρω χωραφιών, λες και πρόκειται για φωτισμό με νέον. Έχουμε εδώ προ οφθαλμών μία εικόνα που θυμίζει δύο πρόσωπα τα οποία ανήκουν στο πεδίο της μυθολογίας και της θεολογίας, αντίστοιχα. Η φωτογραφία έχει ληφθεί στην Αταλάντη, κωμόπολη που πήρε το όνομά της από την ομώνυμη πρωτοφεμινίστρια της κλασικής μυθολογίας, η οποία πλήγωσε πρώτη με το τόξο της τον Καλυδώνιο Κάπρο, αλλά και η οποία έδιωχνε τους μνηστήρες της καλώντας τους να παραβγούν μαζί της στο τρέξιμο, έως ότου κάποτε τη νίκησε ο Ιππομένης, ρίχνοντας χρυσά μήλα στο δρόμο της για να αποσπάσει την προσοχή της. Το εικονιζόμενο δέντρο είναι γνωστό ως δέντρο του Ιούδα, το οποίο λέγεται ότι πήρε αυτό το καφεκόκκινο χρώμα από την ντροπή που ένιωσε όταν κρεμάστηκε ο Ιούδας από ένα κλαδί του.

In an image that is repeated throughout Greece come springtime, this pinkish-purple tree provides a stunning contrast to the bright, almost neon green of the surrounding fields. In this case, it's also a sight that calls to mind two figures of mythology and theology. The photo was taken in Atalanti, named for the protofeminist in classical mythology who drew first blood in the Calydonian boar hunt, and who chased away suitors by challenging them to races until Hippomenes beat her by having golden apples thrown in her path as a distraction. And the tree is known as a Judas tree, which is said to have blushed this shade of puce when Judas hanged himself from one of its branches.

Οι Λιβανάτες, κωμόπολη της Κεντρικής Ελλάδας, διεκδικούν το δικό τους μερίδιο στη δόξα: έχουν να επιδείξουν τον αρχαιολογικό χώρο της αρχαίας πόλης που φέρει το όνομα Κύνος, τρεις παραλίες που έχουν βραβευθεί με την μπλε σημαία της Ε.Ε. για τα καθαρά νερά τους και, από το 1996, ένα προϊόν με προστατευόμενη ονομασία προέλευσης, τις περίφημες πατάτες της περιοχής. Αναμφίβολα, η τελευταία επιτυχία θεωρείται και η πιο σημαντική για τους 3.500 κατοίκους των Λιβανάτων, πολλοί από τους οποίους ασχολούνται με τη γεωργία. Από την οπτική των τρακτέρ που οργώνουν αυτά τα καλοστοιχισμένα αμπέλια, οι τρεις παραλίες της κωμόπολης φαίνονται πράγματι πολύ μακρινές.

The town of Livanates in Central Greece has a few claims to fame: the archaeological site of the ancient city of Kynos, three beaches that have been awarded the E.U.'s blue flag for cleanliness, and, since 1996, protected designation of origin status for the region's famous potatoes. For the 3,500 inhabitants of Livanates, many of whom work in agriculture, the last fact is by far the most important. And for the tractors they are plowing vineyards, the town's three beaches seem far away indeed.

Behind the snow-covered fields on this hill stands Mount Parnassos, home to Greece's largest ski resort. The barren peaks are said to have been fertile grounds for music and art; it was here that the child Orpheus, living with his mother and his eight aunts, who made up the nine muses, discovered the lyre. Apollo, who had come to the mountain to court Thalia, the muse of comedy, took a liking to the boy and gave him a golden lyre and a few lessons.

Πίσω από τους χιονισμένους αγρούς αυτού του λόφου υψώνεται το όρος Παρνασσός, το οποίο φιλοξενεί το μεγαλύτερο χιονοδρομικό κέντρο στην Ελλάδα. Λέγεται ότι οι γυμνές του κορυφές αποτέλεσαν πρόσφορο έδαφος για την ανάπτυξη της μουσικής και των τεχνών· σ' αυτά τα μέρη ήταν που ο Ορφέας, από παιδί ακόμη, ζώντας με τη μητέρα του και τις οκτώ θείες του, δηλαδή με τις εννέα Μούσες, ανακάλυψε τη λύρα. Ο Απόλλωνας, που είχε πάει στο βουνό θέλοντας να ερωτοτροπήσει με τη Θάλεια, τη Μούσα της κωμωδίας, συμπάθησε το αγόρι και του χάρισε μία χρυσή λύρα δίνοντάς του και μερικά μαθήματα.

Οι πετρώδεις χωματόδρομοι στη λοφώδη περιοχή όπου βρίσκεται το χωριό Γουλέμι, στα βόρεια των Λιβανάτων, κάνουν δύσκολες τις μετακινήσεις για ορισμένους ηλικιωμένους της μικρής τοπικής κοινωνίας. Ωστόσο, στ' αχνάρια των προγόνων τους, αυτά τα πρόβατα κάνουν αμέριμνα τις βόλτες τους στη γύρω περιοχή.

The rocky dirt roads in the hilly village of Goulemi, north of Livanates, make getting around difficult for some of the small community's elderly population. True to form, these sheep have no trouble navigating the landscape.

Τα κριάρια που εικονίζονται στην παρούσα σελίδα —με τόπο βοσκής την κρητική γη— έχουν τους λόγους τους να φαίνονται περήφανα, και αυτό δεν οφείλεται μόνο στα εντυπωσιακά τους κέρατα. Πρόκειται για ένα περιζήτητο είδος στην Κρήτη, εκεί όπου οι κατσικοκλέφτες χαίρουν θαυμασμού, αλλά προκαλούν και φόβο λόγω της πονηριάς και της παλικαριάς τους· έτσι οι βοσκοί κοιμούνται συχνά δίπλα στο κοπάδι τους, όταν έχει πανσέληνο, ώστε να αποτρέπουν τις ζωοκλοπές.

The Cretan rams on this page have reason to look proud, and it's not just because of their impressive horns. They're sought-after commodities on Crete, where katsikokleftes, sheep-stealers, are admired and feared for their cunning and bravery, and shepherds often sleep near their flocks during full moons to prevent poaching.

Μέχρι πρόσφατα, πολλά χωριά της Μάνης —η οποία βρίσκεται στο μέσον τριών χερσονήσων που αρχίζουν να απλώνονται από την Πελοπόννησο— ήταν προσβάσιμα μόνο με πλωτά μέσα ή από τα μονοπάτια για τα γαϊδουράκια, και αυτό, ως ένα βαθμό, για προφύλαξη από τους πειρατές και άλλους εισβολείς. Σήμερα, παρόλο που η οχυρωματική αρχιτεκτονική θυμίζει παλαιότερες εποχές βίας, οι ντόπιοι δεν απειλούνται πια από τέτοιους κινδύνους, κι έτσι η εικονιζόμενη γυναίκα δείχνει ήρεμη, καθώς περπατά σ' ένα δρόμο που φτιάχνεται τώρα.

Until very recently, many villages in Mani, the middle of the three peninsulas that stretch out from the Peloponnese, were only accessible by sea or donkey path, in part to stymie pirates and invading armies. Today, the fortified architecture recalls earlier violence, although locals no longer suffer from those threats; this woman seems unworried as she takes advantage of a road in the making.

Υπήρχαν εποχές που οι οικογένειες κρύβονταν μέσα στους οχυρωματικούς πύργους της Μάνης ανταλλάσσοντας πυρά για όσο διάστημα υπήρχαν βεντέτες —ο άγραφος νόμος τους κράτησε ως και τα τέλη του 19ου αιώνα. Σήμερα, στο απογευματινό φως, τα χωριά παραμένουν γαλήνια, όμως τα κτίρια αποτελούν μια συνεχή υπόμνηση του πολεμικού παρελθόντος της περιοχής.

Families once hid inside the fortified towers of Mani, shooting at each other during vendettas that were fought through the end of the 19th century. The villages are now peaceful in the afternoon light, but the buildings are constant reminders of the area's martial past.

Ο Νόμπου Ματσουχίσα, ο διάσημος σούσι σεφ που άνοιξε ιαπωνικό εστιατόριο στη γειτονική Μύκονο, δεν ήταν ο πρώτος που εισήγαγε την πρόσμιξη των πολιτισμών στις Κυκλάδες. Το εικονιζόμενο ιερό κτίστηκε στη Δήλο κατά την πρώιμη ρωμαϊκή περίοδο· πρόκειται για το ναό της Ίσιδος, μητέρας-θεάς των Αιγυπτίων, η οποία λατρευόταν μαζί με τον Σέραπι και τον Άνουβι· εντός του ναού σώζεται και άγαλμα της θεάς.

Matsuhisa Nobu, the famed sushi chef who opened a Japanese restaurant on neighboring Mykonos, was not the first to bring cultural fusion to the Cyclades. In the early Roman period, this shrine was built on Delos; it is the Temple to Isis, the Egyptian mother goddess who was worshipped along with Serapis and Anubis. A statue of the goddess remains within this temple.

Στο μικροσκοπικό νησί της Δήλου, ένας κάπως ταλαιπωρημένος κίονας ιωνικού ρυθμού αντέχει στο αιώνιο διάβα των επισκεπτών. Σύμφωνα με την ελληνική μυθολογία, η Λητώ ήταν η πρώτη που έφτασε στο νησί, όπου και γέννησε τα δίδυμά της, τον Απόλλωνα και την Άρτεμη. Κατόπιν, αμέτρητοι προσκυνητές ήρθαν και τίμησαν το ιερό νησί του Απόλλωνα, κυρίως μεταξύ 900-100 π.Χ. Σήμερα οι επισκέπτες διανύουν τα έξι χιλιόμετρα θάλασσας που χωρίζουν τη Δήλο από την τρυφηλότητα της γειτονικής Μυκόνου, αναζητώντας λίγη ησυχία ανάμεσα στα σωζόμενα ερείπια.

A slightly battered Ionian column on the tiny island of Delos has withstood eons of visitors. First, according to Greek mythology, came Leto, who gave birth to her twins Apollo and Artemis on the island. Then, countless pilgrims came to pay homage to Apollo's sacred isle, chiefly between 900 and 100 BC. Today, visitors cross the six kilometers of sea separating Delos from the sybaritic crowds on neighboring Mykonos, to spend a few quiet hours among the ruins.

Τα στενά λιθόστρωτα δρομάκια της Χώρας, της μεσαιωνικής πρωτεύουσας της Αμοργού, φτιάχνουν ένα λαβύρινθο, καθώς η πόλη απλώνεται σπειροειδώς γύρω από το ενετικό κάστρο —κτίσμα του 13ου αιώνα— αλλά και γύρω από κάτασπρους ασβεστωμένους ανεμόμυλους, καθώς και βυζαντινές εκκλησίες. Όμως για τους ντόπιους, όπως ο άντρας της φωτογραφίας, κάθε στενό λιθόστρωτο είναι ένα πολυδιαβασμένο, πολυπερπατημένο τμήμα της διαδρομής που οδηγεί πίσω στο σπίτι τους.

The stone-paved alleys of Chora, the medieval capital of Amorgos, form a labyrinth as the town twists and turns around the 13th century Venetian kastro, some white-washed windmills and Byzantine churches. But for locals like this man, every alley is a well-known, often-traveled stop on the way home.

Η Τήνος είναι ένα νησί που προσελκύει τους προσκυνητές· μαζί με το ορθόδοξο πλήρωμα που συρρέει για προσκύνημα στο ναό της Παναγίας Ευαγγελίστριας, κοντά στο κύριο λιμάνι, αμέτρητα περιστέρια έλκονται από τους περίτεχνα διακοσμημένους περιστερώνες της Τήνου, όπως αυτός της φωτογραφίας. Υπάρχουν πάνω από 1.000 περιστερώνες στο νησί, οι οποίοι αρχικά κτίστηκαν από τους Ενετούς, με σκοπό την προσέλκυση περιστεριών λόγω του νόστιμου κρέατός τους, αλλά και για τις κουτσουλιές τους, οι οποίες γίνονται πολύ καλή κοπριά. Τα περίπλοκα γεωμετρικά σχέδια πιστεύεται ότι προσελκύουν τα πουλιά αυτά· το χαλί που έχουν στρώσει τα αγριολούλουδα —το οποίο απλώνεται ως τον περιστερώνα— παρέχει ένα επιπλέον κίνητρο εποχιακού χαρακτήρα.

Tinos is an island that attracts pilgrims; along with the Orthodox Christians flock to the church of the Panagia Evangelistria in the main harbor, countless pigeons which are drawn to the island's ornate dovecotes, like this one. The island is home to over 1,000 dovecotes, which were first built by the Venetians to attract pigeons for their savory meat and for their droppings, which are effective fertilizer. The intricate geometric patterns are thought to lure the birds; the carpet of wildflowers leading to the dovecote is a seasonal added incentive.

Στην κορυφή ενός απόκρημνου βράχου, στο νησί της Σαντορίνης, ο οικισμός της Οίας φημίζεται παγκοσμίως για την προνομιακή του θέση, απ' όπου μπορεί κανείς να δει τον ήλιο να γέρνει σιγά-σιγά στην καλντέρα. Πάντως, όταν πια ο ήλιος βουτήξει στη θάλασσα, οι καλύτερες εικόνες πλάθονται στην ίδια την πόλη, καθώς το δειλινό —έχοντας για σύμμαχο το φως που εξασθενίζει σταδιακά— ρίχνει τις απόκοσμες σκιές του πάνω στους τοίχους των υπόσκαφων, των παραδοσιακών σπιτιών που έχουν λαξευτεί στην πλαγιά του βράχου.

The clifftop settlement of Oia on the island of Santorini is a world-renowned place to watch the sun set into the caldera below. But once the sun has sunk into the ocean, the best views are of the town itself, as the dusk casts eerie shadows and the waning light illuminates the walls of the traditional cave houses that are built out of the cliffside.

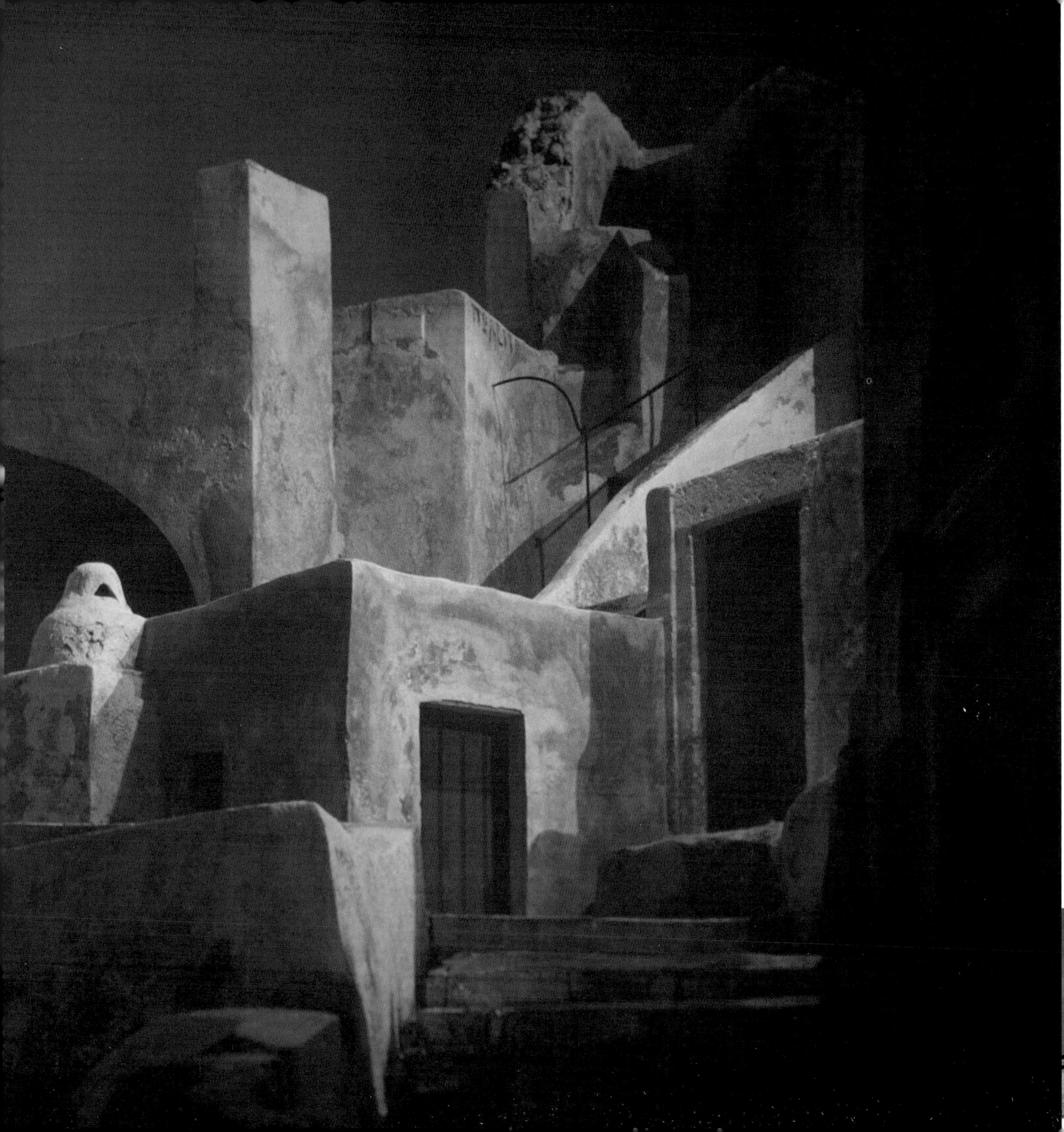

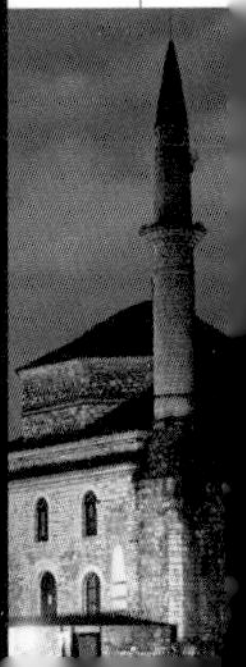

Το κάστρο των Ιωαννίνων, το οποίο βρίσκεται εντός των τειχών της παλαιάς πόλης, φιλοξενεί δύο πρώην τζαμιά, μία εκκλησία και μία συναγωγή. Η μία πλευρά του εικονιζόμενου τζαμιού βλέπει στη λίμνη Παμβώτιδα. Από την άλλη πλευρά του κτίσματος ο επισκέπτης έρχεται αντιμέτωπος μ' ένα σχεδόν μακάβριο θέαμα —το σφυρήλατο σιδερένιο κιγκλίδωμα δείχνει τη θέση όπου ενταφιάστηκε η ακέφαλη σορός του Αλή πασά, του Αλβανού επικυρίαρχου που διοικούσε άλλοτε τα Ιωάννινα ως αξιωματούχος διορισμένος από την Υψηλή Πύλη. Μετά τη δολοφονία του από τους στρατιώτες του Σουλτάνου, ακολούθησε ο αποκεφαλισμός του· στη συνέχεια, το κεφάλι του μεταφέρθηκε στην Κωνσταντινούπολη για να προσκομιστεί ενώπιον του Σουλτάνου ως απόδειξη του γεγονότος ότι ο ανυπάκουος, αφερέγγυος αξιωματούχος της Οθωμανικής Αυτοκρατορίας ήταν όντως νεκρός.

The kastro, or fortress, of Ioannina, within the old city walls, holds two former mosques, one church and one synagogue. From one side, this mosque overlooks Lake Pamvotis. From the other, it has a somewhat sinister view —the wrought-iron cage in front of the mosque is a grave marker above the body of Ali Pasha, the Albanian overlord who ruled Ioannina under the auspices of the Ottoman Empire. After his murder at the hands of the Sultan's soldiers, his head was lopped off and toted to Constantinople to prove to the Sultan that his troublesome, disloyal employee was truly dead.

Στην κορυφή αυτού του
λόφου, στην επαρχία
Λοκρίδας, το στρώμα του
χιονιού, αλλά και το φως
που εξασθενεί σταδιακά,
βάφουν γη και ουρανό
με την ίδια ανοιχτή μπλε
απόχρωση. Λίγα άσπρα
σύννεφα και μια μοναχική
βελανιδιά είναι τα μοναδικά
σημεία διαχωρισμού μεταξύ
αυτών των δύο στοιχείων.

On this hilltop in the province of
Lokrida, the fallen snow and the
waning light have rendered the
land and the sky the same shade
of ice blue. The only indications
of separation between the two
are a few white clouds and a
lone oak tree.

ΕΠΙ ΞΗΡΑΣ ||| ON THE LAND

κάτω απ΄ το θόλο τ΄ Ουρανού ||| beneath the Sky

BENEATH THE SKY

" I wish I could cut you a slice of this bell-blue heaven and water at the same time," Lawrence Durrell wrote to his editor, Anne Ridler, from his home in Athens during World War II. "One leans forward on the toes and has the sensation of flying; and the whole town lies outside the window, polished and graven up like a shield."

Along with the sea and the land, the sky completes the holy trinity that forms the Greek landscape. As much as the sea between them, the bright, sharp sky above the scattered islands and the mainland of Greece unites the country into a nation, and while the alternating stripes of the Greek flag are said to represent the blue of the sea and the white of the sea foam, they also call to mind the sky and the clouds that shelter the country below.

In Smaragdis' photos, the sky is a dominant feature, whether it is enveloping the clifftop town of Pyrgi on Santorini, which appears to rise from the clouds, or providing a color-saturated background to offset the stark splendor of the Acropolis. Classical temples, crumbling fortresses, humble chapels, even inquisitive sheep, all seem to reach up towards the sky, perhaps seeking to recapture Durrell's "sensation of flying."

ΚΑΤΩ ΑΠ΄ ΤΟ ΘΟΛΟ Τ΄ ΟΥΡΑΝΟΥ

«Μακάρι να μπορούσα να κόψω και να σου δώσω ένα κομμάτι απ' αυτό το θολωτό μπλε που 'ναι ουρανός και θάλασσα συγχρόνως» έγραφε ο Λόρενς Ντάρελ στην εκδότριά του Αν Ρίντλερ, ενώ ο ίδιος βρισκόταν στο σπίτι του, στην Αθήνα, κατά τη διάρκεια του Β΄ Παγκοσμίου Πολέμου. «Γέρνεις λίγο προς τα εμπρός, πάνω στις μύτες των ποδιών σου, κι έχεις την αίσθηση πως πετάς· την ώρα που απ' το παράθυρο —εκεί έξω— απλώνεται ολόκληρη η πόλη, στιλβωμένη και σκαλιστή σαν ασπίδα».

Μαζί με τη θάλασσα και τη στεριά, ο ουρανός συμπληρώνει το ιερό τρίπτυχο στο οποίο συνίσταται το ελληνικό τοπίο. Στον ίδιο ακριβώς βαθμό με τη θάλασσα που βρίσκεται στο ενδιάμεσο, η φωτεινή, έντονη παρουσία του ουρανού, πάνω από τα διάσπαρτα νησιά και την ηπειρωτική χώρα, συνενώνει όλα τα μέρη της Ελλάδας σε μια επικράτεια, ενώ, παρότι λέγεται πως η εναλλαγή των γαλανών και λευκών λωρίδων της ελληνικής σημαίας συμβολίζει αφενός το γαλανό χρώμα της θάλασσας και αφετέρου το λευκό της αφρό, οι συγκεκριμένες λωρίδες θυμίζουν επίσης τον ουρανό και τα σύννεφα που έχουν υπό τη σκέπη τους αυτήν τη χώρα.

Στις φωτογραφίες του Σμαραγδή ο ουρανός αναδεικνύεται σε κυρίαρχο στοιχείο, είτε σκεπάζει τον Πύργο της Σαντορίνης —τον οικισμό που, όντας σκαρφαλωμένος σε απόκρημνο βράχο, μοιάζει να αναδύεται από τα σύννεφα— είτε παρέχει ένα φόντο που γέμει χρωμάτων, προς αντιστάθμιση του αυστηρού μεγαλείου της Ακρόπολης. Αρχαίοι ναοί των κλασικών χρόνων, φρούρια υπό κατάρρευση, ταπεινά ξωκλήσια, ακόμα και πολυπράγμονα πρόβατα, όλα δείχνουν να υψώνονται προς τα ουράνια, ίσως επιδιώκοντας να αναδημιουργήσουν ό,τι περιέγραψε ο Ντάρελ ως «αίσθηση πετάγματος».

Ο Πύργος είναι χωριό της Σαντορίνης, η οποία αποτελεί μέρος μιας μικρής ομάδας νησιών που διατάσσονται κυκλικά· τα νησιά αυτά σχηματίστηκαν όταν η αρχική νήσος καταστράφηκε από ηφαιστειακή έκρηξη, η οποία δημιούργησε την καλντέρα, τη λεβητοειδή θαλάσσια λεκάνη που περιβάλλεται από τα τωρινά νησιά. Από αυτά τα μικρά νησιά κατοικούνται μόνο η Σαντορίνη (ή Θήρα) και η Θηρασιά, όπου υπάρχουν οικισμοί που διαθέτουν μια άγρια ομορφιά και είναι ικανοί να προκαλέσουν ίλιγγο έτσι όπως υψώνονται από το Αιγαίο. Παρ' όλα αυτά, στην παρούσα φωτογραφία, το χωριό Πύργος, σκαρφαλωμένο στην κορυφή απόκρημνου βράχου, μοιάζει να επιπλέει σε μια θάλασσα από σύννεφα.

Pyrgi is a village on Santorini, a small, circular archipelago of islands that were formed when a volcanic explosion destroyed a single island, creating the caldera, the sea-basin the surviving isles encircle. Of these islets, only Santorini (or Thira) and Thirasia are populated, in harshly beautiful, vertiginous settlements that rise from the Aegean. In this photo, the clifftop village of Pyrgi seems to float on a sea of clouds.

Η ασυνήθιστα πληθωρική παρουσία αγριολούλουδων στο άγονο, ηφαιστειογενές έδαφος της Σαντορίνης παρέχει ένα όμορφο φυσικό κάδρο, το οποίο έρχεται να πλαισιώσει κάτασπρους ασβεστωμένους οικισμούς, όπως η Θήρα και το Φηροστεφάνι που εικονίζονται στο φόντο. Η σκεπασμένη με αγριολούλουδα λοφοπλαγιά θα πρέπει να ήταν καλυμμένη με τέφρα από την ηφαιστειακή έκρηξη που χώρισε το νησί σε κομμάτια πριν από 3.600 χρόνια. Ο μινωικός οικισμός του Ακρωτηρίου —που σώζεται ως σήμερα χάρη στην ηφαιστειακή τέφρα— άρχισε να ανασκάπτεται συστηματικά το 1967. Υπήρχαν σωληνώσεις για την παροχή τρεχούμενου νερού, όμως δεν βρέθηκαν ανθρώπινοι σκελετοί, ούτε και κοσμήματα ή άλλα τιμαλφή, παρά μόνο ένα χρυσό αντικείμενο. Οι ειδικοί δεν είναι ακόμα σε θέση να εξηγήσουν το γεγονός ότι οι τότε κάτοικοι γνώριζαν πως έπρεπε να εγκαταλείψουν το νησί, κάτι που αποτελεί ένα από τα θεμελιώδη μυστήρια της Σαντορίνης.

A rare burst of wildflowers on the arid, volcanic soil of Santorini provides a border of natural beauty to complement the whitewashed towns of Thira and Firostefani behind it. The hillside that is blanketed in wildflowers would have been covered in ash by the volcanic explosion that split the island 3,600 years ago. The Minoan city of Akrotiri, preserved in this ash, was first excavated in 1967. There were pipes for running water, but no corpses, and only one precious gold object were found. Scholars have yet to figure out how the inhabitants knew to flee the island, one of the central mysteries of Santorini.

Μπορεί το κυκλαδίτικο νησί της Μυκόνου να πάσχει από έλλειψη πόσιμου νερού, δεν του λείπουν όμως οι αέρηδες. Έχουν περάσει πάνω από εκατό χρόνια από τότε που οι ντόπιοι έκτισαν αυτούς τους μύλους, θέλοντας να εκμεταλλευτούν τη δύναμη του ανέμου για το άλεσμα των γεωργικών προϊόντων που προόριζαν για εξαγωγή. Υπήρξε εποχή που λειτουργούσαν 16 ανεμόμυλοι. Σήμερα στέκουν ως σύμβολα του νησιού, αλλά και ως μνημεία του παρελθόντος του.

The Cycladic island of Mykonos suffers from a shortage of fresh water but an abundance of wind. Over a hundred years ago, locals built these mills to harness the power of the wind to grind agricultural produce for export. At one time, 16 windmills were operational. Today, they stand as symbols of the island, and monuments of its past.

Η πιο γνωστή εκκλησία της Τήνου είναι αφιερωμένη στην Παναγία την Ευαγγελίστρια, η οποία προσελκύει χιλιάδες προσκυνητές κάθε χρόνο. Ωστόσο, το νησί αριθμεί 750 εκκλησίες, τόσο ελληνικές ορθόδοξες όσο και ρωμαιοκαθολικές, ενώ πολλές από αυτές είναι ξωκλήσια που βρίσκονται σε απομακρυσμένες περιοχές. Το μυτερό καμπαναριό αυτής της εκκλησίας —κι ας αφήνει ασυγκίνητο το γαϊδουράκι που φαίνεται σε πρώτο πλάνο— δείχνει να θέλει να φτάσει ως τα ουράνια.

The most famous church on Tinos is that of the Panagia Evangelistria, which draws thousands of pilgrims each year. But the island has 750 churches, both Greek Orthodox and Roman Catholic, and many of them are small private chapels in remote areas. Ignored by the donkey in the foreground, this chapel's steeple seems to be reaching toward heaven.

Κάποτε η Τήνος διέθετε εκατό ανεμόμυλους, οι οποίοι χρησιμοποιούνταν για το άλεσμα του σιταριού που επρόκειτο είτε να εξαχθεί είτε να θρέψει τον τοπικό πληθυσμό. Σήμερα έχουν απομείνει είκοσι ανεμόμυλοι, των οποίων η κατάσταση ερείπωσης κυμαίνεται κατά περίπτωση, ενώ δύο από τους ανεμόμυλους της παραπάνω εικοσάδας βρίσκονται ακόμη σε λειτουργία. Όσοι έχουν το δικό τους ανεμόμυλο θεωρούνται από τους ντόπιους ειδικοί στην πρόβλεψη του καιρού —τόσο μεγάλη εμπειρία έχουν αποκτήσει από την παρατήρηση του ουρανού, ψάχνοντας να βρουν σημάδια αλλαγής του καιρού. Η παρούσα φωτογραφία υποδηλώνει πως θεός και άνθρωποι καμιά φορά μετέρχονται τις ίδιες μεθόδους, αν κρίνει κανείς από τον ανεμόμυλο που φαίνεται σε πρώτο πλάνο, έτσι όπως αναπαράγει το περίγραμμα του βουνού που βρίσκεται στο φόντο.

Tinos once had a hundred windmills which were used to grind wheat for export and to feed the local population. Today, twenty remain, in various degrees of ruin, with two of the 20 still functioning. The owners of windmills are considered local experts at predicting the weather, having become so adept at watching the sky for signs of change. In this photo, there is a hint that God and man sometimes work along the same lines, as the windmill in the foreground echoes the shape of the mountain behind it.

Στο νησί της Άνδρου, τα εικονιζόμενα πρόβατα φαίνεται πως ενδιαφέρονται πιο πολύ να μασήσουν το χορτάρι ή να στυλώσουν το βλέμμα τους στο φωτογράφο, παρά να αναζητήσουν μια σκιά κάτω από αυτό το ανεμόδαρτο δέντρο. Κι όμως, το συγκεκριμένο δέντρο πρόκειται να αποδειχθεί πιο μακρόβιο από τα πρόβατα, όπως και από άλλους επισκέπτες, καθώς ξέρει να λικνίζεται στο απαλό αεράκι, αλλά και γιατί αφήνει γνωστικά να το πλάθουν οι άνεμοι που φυσούν ολόγυρά του.

These sheep on the island of Andros seem more interested in chewing up the grass or staring at the photographer than in seeking the shade of this windswept tree. But the tree itself will outlast them, and other visitors, adept as it is to swaying in the breeze and being shaped by the air that surrounds it.

Η εικονιζόμενη κατασκευή, η οποία συγκαταλέγεται στους τρεις ελληνιστικούς πύργους που φύλαγαν κάποτε τη Μύκονο, βρίσκεται μαζί με όλα τα συμπαρομαρτούντα κοντά στον Πλατύ Γιαλό, με τους ντόπιους να ονομάζουν τη θέση Πόρτες. Σήμερα, η θύρα αυτή δεν οδηγεί σε κάποιο φρούριο, αλλά στο απέραντο του γαλανού ουρανού.

One of three Hellenistic towers that once guarded Mykonos, this structure and its siblings near Platis Gialos are called "Portes" or "doors" by the locals. Today, this doorway opens not into a fortress but onto an expanse of blue sky.

Το 19ο αιώνα, ένας τουρίστας που επιζητούσε την αθανασία, ο λόρδος Βύρωνας, σκάλισε το όνομά του πάνω σ' έναν από αυτούς τους κίονες του ναού του Ποσειδώνα, στο ακρωτήριο του Σουνίου. Με θέα στο Αιγαίο, ο ναός είναι αφιερωμένος στο θεό της θάλασσας, ο οποίος νικήθηκε από τη θεά Αθηνά κατά την αναμέτρησή τους για την ανάδειξη του προστάτη της πόλης που έμελλε να ονομαστεί Αθήνα. Ο ουρανός, σήμερα, κατέχει εξίσου δεσπόζουσα θέση με τη θάλασσα στο τοπίο του Σουνίου· το σημείο αποτελεί αγαπημένο μέρος των Αθηναίων, απ' όπου και βλέπουν το ηλιοβασίλεμα.

A 19th century tourist with dreams of immortality, Lord Byron carved his name on one of these columns at the Temple of Poseidon at Cape Sounion outside of Athens. Overlooking the Aegean Sea, the temple is dedicated to the sea god who lost out to Athena in a battle to be named the patron god of Athens proper. Today, the sky is as central to Sounion as the sea; it's a favorite place for Athenians to watch the sunset.

Κατά τους αρχαίους χρόνους, όσοι ήθελαν να ζητήσουν καθοδήγηση ή κάποιο χρησμό συμβουλεύονταν την Πυθία, την ιέρεια του ναού του Απόλλωνα στο μαντείο των Δελφών. Η ιέρεια καθόταν σ' έναν τρίποδα, πάνω από ένα χάσμα γης που ανέδιδε αναθυμιάσεις, τις οποίες εισέπνεε και έπεφτε σε έκσταση. Σήμερα, μπορεί τα αέρια που άλλοτε εκπέμπονταν, όπως και οι Πυθίες, να αποτελούν παρελθόν, σώζονται όμως τα ερείπια ενός θεάτρου, αρκετά θησαυροφυλάκια («θησαυροί»), καθώς και ο ναός του Απόλλωνα. Οι κίονες αυτοί, έχοντας απολέσει τη στέγη που κάποτε στήριζαν, δείχνουν να υψώνονται προς τον ουρανό σαν χέρια ενωμένα σε στάση προσευχής, ίσως για να ζητήσουν μια κάποια όψιμη μορφή μαντικής.

In ancient times, seekers would consult the pythia, the priestess of the oracle at Apollo's sanctuary at Delphi, for advice and divination. The priestess sat on a tripod over a hole in the earth that emitted fumes which put her in a trance. Today, the gasses and the pythia have gone but the ruins of a theater, several treasuries, and the temple to Apollo remain. Having lost the roof they once supported, these columns look as if they are raising themselves to the sky in supplication, perhaps asking for a little late-day divination.

«Η Ακρόπολη στέκει πάναγνη και πανέμορφη πάνω στον ψηλό της βράχο, σ᾽ έναν χώρο που ορίζεται από το λευκό», έγραφε ο Ντάρελ στο φίλο του Τζορτζ Γουίλκινσον το 1940. «Και ο ήλιος δεν φαίνεται να νοιάζεται καθόλου». Όμως, όταν ο ήλιος βασιλεύει και ο ουρανός αρχίζει να παίρνει πιο σκούρες αποχρώσεις του μπλε, τότε είναι που έχουμε την καλύτερη εκδοχή της Ακρόπολης, καθώς τα ιερά της σχηματίζουν μία λαμπερή πόλη πάνω στο βράχο, με το θέατρο Ηρώδου του Αττικού —κτισμένο το 161 π.Χ.— να βρίσκεται λίγο πιο κάτω, συνεχίζοντας να φιλοξενεί παραστάσεις ακόμη και σήμερα.

"The Acropolis is quite pure and beautiful on its plateau of white space," Durrell wrote to his friend George Wilkinson in 1940. "And the sun shows no sign of minding." But it is when the sun goes down and the sky turns deepening shades of blue that the Acropolis is shown to its best advantage, its temples forming a sparkling city on a hill. The theater of Herod Atticus below, which was built in 161 AD, continues to host concerts to this day.

Το Άνδηρο των Λεόντων στη Δήλο αποτελεί αφιέρωμα των Ναξίων στο θεό Απόλλωνα, το οποίο τοποθετήθηκε στο ιερό νησί πριν από το 600 π.Χ· σήμερα σώζονται 5 από τα 16 πρωτότυπα αγάλματα. Όπως στη λεωφόρο με τα αγάλματα των Σφιγγών στην Αίγυπτο, τα εικονιζόμενα λιοντάρια φρουρούν την ιερή οδό που οδηγεί στο ναό. Βρίσκονται λοιπόν εκεί για να δείχνουν απειλητικά τα δόντια τους στους απρόσκλητους επισκέπτες, αλλά από αυτή την οπτική γωνία μοιάζουν περισσότερο με υπερκινητικά σκυλιά που γαβγίζουν βλέποντας τα σύννεφα.

The Terrace of the Lions on Delos was a gift from the people of Naxos to Apollo, and was installed on his sacred island prior to 600 BC; five of as many as 16 original figures remain. Like the avenues of sphinxes found in Egypt, these lions guard the Sacred Way to the temple. They are meant to be snarling at intruders, but from this angle look more like hyperactive dogs baying at the clouds.

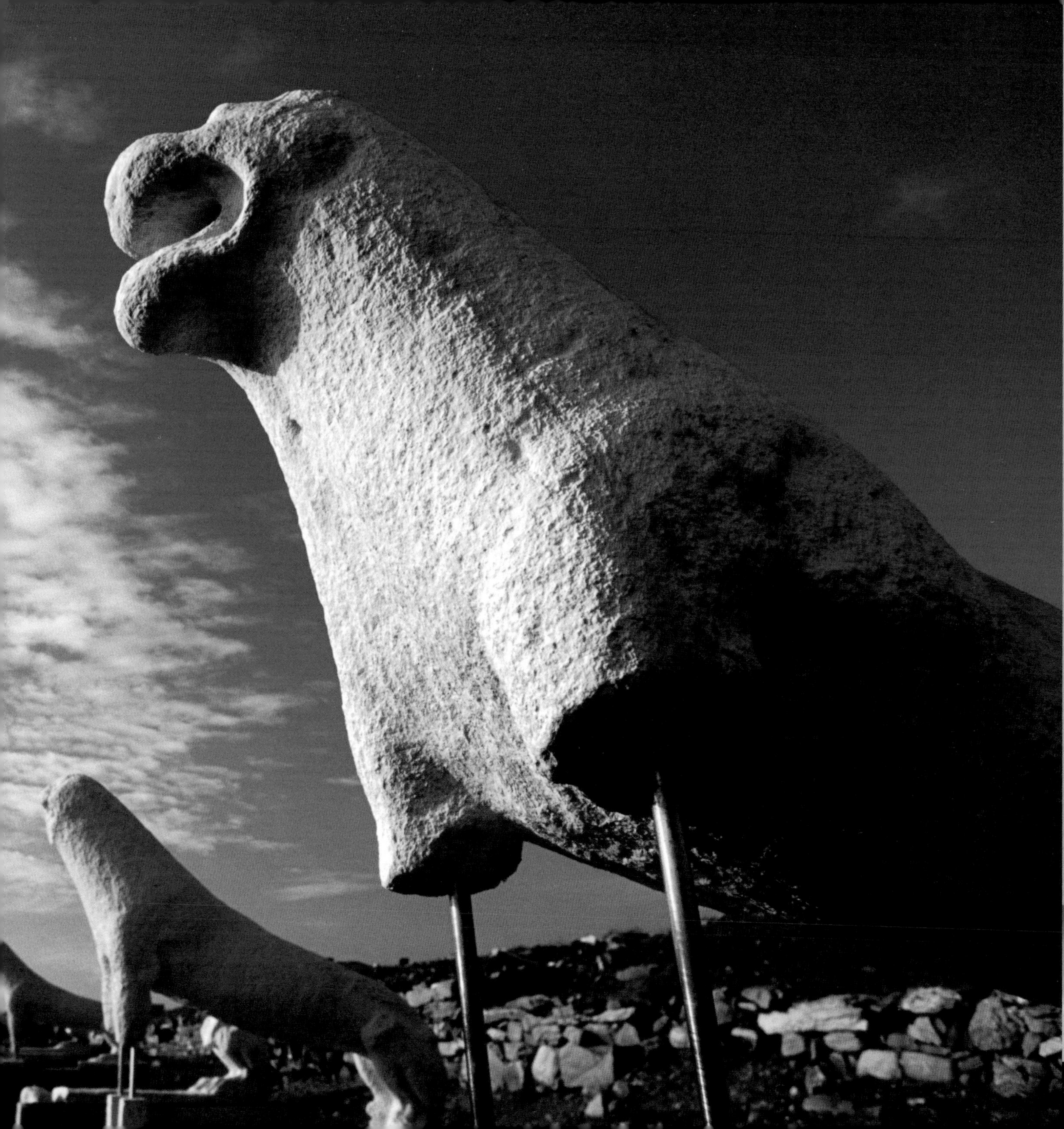

Πάει πολύς καιρός από τότε που έπαυσε να ισχύει ο άγραφος νόμος της βεντέτας και η οικογένεια που κάποτε φύλαγε σκοπιά σε αυτό το ετοιμόρροπο κάστρο έχει μετοικήσει. Σώζεται όμως ο ερειπωμένος πύργος και, τις νύχτες που η Μάνη φωτίζεται από την πανσέληνο, μοιάζει να φυλάει σκοπός περιφέροντας το βλέμμα του στη λοφοπλαγιά που απλώνεται πιο κάτω.

The vendetta is long over, and the family that kept watch in this crumbling fortress has moved away. But the ruined tower remains, and, on nights when Mani is illuminated by a full moon, appears to be keeping watch over the hillside below.

Η ονομασία Ήπειρος, η οποία χρησιμοποιείται για τη συγκεκριμένη περιοχή της βορειοδυτικής Ελλάδας,
προέρχεται από τη λέξη άπειρον που σημαίνει το αχανές. Υπό το φως του ολόγιομου φεγγαριού, η λέξη μοιάζει
να αναφέρεται στις φαινομενικά ατέλειωτες οροσειρές που θέλουν να φτάσουν ως τα ουράνια.

The name Epirus, for this region of Northwest Greece, comes from the word apeiron, meaning infinity. In the light of
the full moon, the word seems to be reference to the seemingly endless rows of mountains reaching to the sky.

Η λίμνη Μικρή Πρέσπα, που αποτελεί μέρος ενός προστατευόμενου εθνικού δρυμού στα σύνορα της Ελλάδας με την Αλβανία και την ΠΓΔΜ, φιλοξενεί κορμοράνους, πελεκάνους, τσικνιάδες και ερωδιούς. Κανένας τους όμως δεν φαίνεται να κινείται, καθώς μερικές πολύ πρωινές δέσμες αχτίδων τρυπούν τα σύννεφα πάνω από το όρος Βαρνούς (ή Περιστέρι), διαχέοντας το φως τους πάνω στα ατάραχα νερά της λίμνης.

The lake of Mikri Prespa, part of a protected national park along the Greek borders with Albania and FYROM, is home to cormorants, pelicans, egrets, and herons. But none of them seem to be stirring as early morning shafts of light break through the clouds above Mount Vournos, illuminating the placid water below.

προσεγγίζοντας το θείο ||| towards Divinity

TOWARDS DIVINITY

The Ancient Greeks built their temples to inspire worshippers and to please the gods, situating them in places of great natural beauty. The modern Greeks, when building their churches, chapels, and monasteries, are often moved by the same impulse, which is why the purity of a white-washed church is so often seen against a blue backdrop, whether it's the sea in the distance or the sky surrounding a cliff-top chapel —a juxtaposition of the manmade structure and the landscape surrounding it— which reminds us of the spark of divinity found in people and in nature. The white of so many chapels also serves as a foil for the bright Greek sunlight. In an essay about the island of Corfu, Lawrence Durrell described "the dancing magnesium-flare quality of the sunlight blazing on a white wall; in the depths of the light there is blackness, but it is a blackness which throbs with violet— a magnetic unwearying ultraviolet throb. This confers a sort of brilliant skin of white light on material objects, linking near and far, and bathing simple objects in a sort of celestial glow-worm hue. It is the naked eyeball of God, so to speak, and it blinds one."Even given the awe-inspiring surroundings, the sunlight on the white-washed walls and simple beauty of the chapels, the spark of divinity in Smaragdis' photos is perhaps best captured in the faces of the worshippers as they parade the icon of the Virgin Mary or meditate in the mystery of a sacred cave.

ΠΡΟΣΕΓΓΙΖΟΝΤΑΣ ΤΟ ΘΕΙΟ

Οι αρχαίοι Έλληνες ανέγειραν ναούς και ιερά σε τοποθεσίες μεγάλου φυσικού κάλλους ώστε να δημιουργούν κατάνυξη στους πιστούς και να ευαρεστούν τους θεούς. Οι σημερινοί Έλληνες, όταν αποφασίζουν να κτίσουν μια εκκλησία, ένα ξωκλήσι ή ένα μοναστήρι, συνήθως ωθούνται από την ίδια παρόρμηση, κάτι που εξηγεί γιατί βλέπουμε τόσο συχνά την απλότητα μιας κάτασπρης ασβεστωμένης εκκλησίας σ' ένα γαλάζιο φόντο, που μπορεί να είναι είτε η θάλασσα που απλώνεται στον ορίζοντα είτε ο ουρανός που έρχεται ν' αγκαλιάσει ένα εκκλησάκι πάνω στην απότομη πλαγιά ενός βράχου· αυτή η συνύπαρξη ανθρώπινης κατασκευής και περιβάλλοντος τοπίου φέρνει στο νου τη θεία πνοή που ενυπάρχει στους ανθρώπους και στη φύση. Ένας μεγάλος αριθμός από ξωκλήσια —ντυμένα όλα τους στα άσπρα— χρησιμεύει επίσης ως φόντο για το λαμπρό ελληνικό φως. Σ' ένα δοκίμιό του για την Κέρκυρα, ο Λόρενς Ντάρελ περιέγραψε «το ποιόν του ηλιακού φωτός, το παιχνίδισμα με τις αργυρόλευκες αναλαμπές, που κάνει τους άσπρους τοίχους να στραφταλίζουν· στον πυρήνα αυτού του φωτός υπάρχει μία μελανότητα, πρόκειται όμως για μία μελανότητα που πάλλεται στη συχνότητα του ιώδους ή, πιο σωστά, έχουμε να κάνουμε εδώ μ' έναν σαγηνευτικό, άοκνο υπεριώδη παλμό. Κάτι τέτοιο δίνει στα υλικά αντικείμενα ένα λαμπερό περίβλημα λευκού φωτός, συνδέοντας το κοντά με το μακριά, και λούζοντας τα απλά αντικείμενα σε μια ουράνια απόχρωση, όμοια με λάμψη πυγολαμπίδας. Είναι σαν να βλέπεις ολόκληρο το βολβό ενός θείου οφθαλμού και να τυφλώνεσαι». Μπορεί να υπάρχουν τα επιβλητικά τοπία, το ηλιόφως που πέφτει στους ασβεστωμένους τοίχους και η λιτή ομορφιά που έχουν τα εκκλησάκια, ίσως όμως στις φωτογραφίες του Σμαραγδή η θεία πνοή να απαθανατίζεται με τον καλύτερο δυνατό τρόπο στα πρόσωπα των πιστών, ενόσω κάνουν περιφορά της εικόνας της Παναγίας, ή την ώρα που αυτοσυγκεντρώνονται στη μυστηριακή ατμόσφαιρα μιας ιερής σπηλιάς.

Η Μύκονος φημίζεται για την ασύδοτη νυχτερινή της ζωή και τις μπουτίκ γνωστών σχεδιαστών· παρ' όλα αυτά, το νησί έχει περισσότερες εκκλησίες απ' ό,τι νυχτερινά κέντρα διασκέδασης ή μαγαζιά. Στις 500 περίπου εκκλησίες που αριθμεί το νησί περιλαμβάνονται μοναστήρια και καθεδρικοί ναοί, αλλά και μικροσκοπικά εκκλησάκια όπως αυτό της φωτογραφίας, το εκκλησάκι της Αγίας Μαρίνας με το χαρακτηριστικό κόκκινο τρούλο.

Mykonos is famous for its debauched nightlife and designer boutiques, but there are more churches on the island than there are nightclubs or shops. The almost 500 churches range from monasteries and cathedrals to tiny chapels like this one, the red-domed church of Agia Marina.

Μια κλίμακα που οδηγεί στον παράδεισο: το άγνωστο αυτό εκκλησάκι στο νησί της Μυκόνου έχει μία πρόσοψη που μοιάζει με κλίμακα, υπενθυμίζοντας έτσι στους διαβάτες το λόγο ύπαρξης του κτίσματος —πνευματική ανύψωση και καθοδήγηση της ψυχής σε ανώτερα ύψη.

Stairway to Heaven: the step-like façade of this unidentified chapel on Mykonos reminds anyone who sees it of the purpose of the building—to lift the spirit and inspire the soul to great heights.

Η πιο γνωστή —και αναμφίβολα πιο φωτογραφημένη— εκκλησία της Μυκόνου είναι η Παραπορτιανή, της οποίας το όνομα σημαίνει «διπλανή πόρτα», αφού βρισκόταν δίπλα στο σήμερα κατεστραμμένο μεσαιωνικό κάστρο της πόλης της Μυκόνου, ήδη από την εποχή της ανέγερσής της περί τα μέσα του 15ου αιώνα. Στην πραγματικότητα πρόκειται για πέντε εκκλησίες που συγκροτούν μία, την εκκλησία της Παναγίας της Παραπορτιανής, με καθεμία από αυτές να είναι αφιερωμένη σε διαφορετικό άγιο· πάντως, όλες τους στέκουν περήφανες σε αυτό το ύψωμα όπου ουρανός και θάλασσα γίνονται ένα.

The most famous —and arguably most photographed— church on Mykonos is Paraportiani, which means "next door" as it stood next to the now-destroyed medieval castle in Mykonos town when it was built in the mid-15th century. Paraportiani is really five churches in one, with altars devoted to separate saints, all enjoying pride of place on this spot where the sky meets the sea.

Μπορεί η Ορθόδοξη Εκκλησία να μη χειροτονεί γυναίκες, αυτό όμως δεν τις εμποδίζει να παίζουν πολύ σημαντικό ρόλο ώστε οι χώροι λατρείας της περιοχής τους να διατηρούνται σε καλή κατάσταση. Ίσως η εικονιζόμενη Κρητικιά, περνώντας, να έκανε μια στάση για να ανάψει ένα κερί και να προσκυνήσει τις εικόνες, ή για να κάνει τις προετοιμασίες με αφορμή τον εορτασμό της μνήμης κάποιου αγίου· κι ενώ η μαυροφορεμένη χήρα κάθεται να ξαποστάσει, τα ρούχα της κάνουν ακόμα πιο έντονο το απέραντο λευκό της εκκλησίας.

Women cannot be ordained as priests in the Orthodox Church. But that doesn't stop many of them from taking a leading role in maintaining their local houses of worship. This Cretan woman may have stopped by to light a candle before an icon or prepare for a festival. As she rests from her labors, her widow's clothes punctuate the white expanse of the church.

Τη νύχτα, το συγκρότημα εκκλησιών της Παραπορτιανής είναι εξίσου εντυπωσιακό, αλλά και κάπως απόκοσμο, έτσι όπως πέφτουν οι σκιές στην πόρτα της μικρής εκκλησίας, ενώ τα φώτα δείχνουν το δρόμο προς μία άλλη εκκλησία στον ίδιο χώρο. Το συγκρότημα —για την αποπεράτωση του οποίου χρειάστηκαν σχεδόν δύο αιώνες— είναι μία διώροφη κατασκευή με τέσσερις μικρές εκκλησίες, οι οποίες αποτελούν τη βάση για την τρουλωτή εκκλησία του δεύτερου επιπέδου.

By night, the Paraportiani church complex is just as impressive and a bit eerie as shadows fall over a chapel door while lights illuminate the way into one of the others. The complex, which took almost two hundred years to complete, is a two-storey structure with four chapels forming the base for the domed church on the second floor.

Στο νησί της Σχοινούσας, στις Μικρές Κυκλάδες, η εικονιζόμενη εκκλησία —η οποία είναι αφιερωμένη στην Παναγία— είναι το μέρος όπου τελούνται οι ετήσιοι εορτασμοί με αφορμή τη γιορτή του Ευαγγελισμού της Θεοτόκου, την 25η Μαρτίου· την ημέρα αυτή οι πιστοί συναθροίζονται στο προαύλιο της εκκλησίας, όπου τους προσφέρεται κρασί και μπακαλιάρος. Κατά την υπόλοιπη χρονιά η εκκλησία δεν περιστοιχίζεται από πανηγυριστές αλλά από αυτόν τον αγκαθωτό κάκτο, καθώς και από ένα κυπαρίσσι που δείχνει το δρόμο προς τον παράδεισο στις ψυχές όσων έχουν ενταφιαστεί σε τούτο το κοιμητήριο.

On the island of Schinoussa in the Minor Cyclades, this church dedicated to the Virgin Mary is the site of an annual festival in honor of the Annunciation each March 25th, when pilgrims converge and are served cod and wine. The rest of the year, the church is surrounded not by celebrants but by this spiky cactus plant, and a cypress tree which points the way to heaven for the souls buried in the churchyard.

Το νησί της Αμοργού αριθμεί πάνω από 50 εκκλησίες που εξυπηρετούν τις θρησκευτικές ανάγκες των 2.000 κατοίκων του. Ωστόσο, το νησί έχει να επιδείξει αμέτρητες μικρές εκκλησίες που ανήκουν σε ιδιώτες και συνδέονται με τις κατοικίες συγκεκριμένων οικογενειών. Το εικονιζόμενο εκκλησάκι εντάσσεται στο ίδιο συγκρότημα κτισμάτων με την ιδιωτική κατοικία, μέσω ενός συστήματος πέτρινων τοίχων που οριοθετούν την οικογενειακή επικράτεια, η οποία περιλαμβάνει τη θάλασσα, τον ουρανό, την οικία και το θεό.

The island of Amorgos has over 50 large churches to serve its 2,000 inhabitants. But the island also boasts countless private chapels connected with individual homes. This one is contained in the same complex as the house by a network of stone walls that mark off one family's universe, comprised of sea, sky, home, and God.

Βλέπουμε ξανά το ίδιο εκκλησάκι, από διαφορετική όμως οπτική γωνία. Οι άνθρωποι που φροντίζουν ώστε το εκκλησάκι να διατηρείται σε καλή κατάσταση μπορούν να το «ανοίγουν» και να τελούν λειτουργίες σε αυτό μόνο κατά τις επίσημες θρησκευτικές εορτές, όπως το Πάσχα, ή τις ημέρες εορτασμού της μνήμης κάποιου αγίου. Ωστόσο, ακόμη και όταν είναι κλειστό, αποτελεί σε μόνιμη βάση ένα πραγματικό στολίδι, έτσι όπως βλέπει από τη μια μεριά σε αυτό το βουνό και από την άλλη στη θάλασσα.

The same chapel from a different perspective. The people who tend this chapel may only open it on holidays, such as Easter and Saints' days. But every day, even when it is closed, the chapel is a thing of beauty, with a view of this mountain on one side, and of the sea on the other.

Η εκκλησία της Παναγιάς της Επανωχωριανής (η Παναγία του Πάνω Χωριού) βρίσκεται, όπως ήταν αναμενόμενο, πάνω από το χωριό της Λαγκάδας στην Αμοργό. Τα αρχαία μάρμαρα που είναι εντοιχισμένα στην πρόσοψη της εκκλησίας μαρτυρούν ότι κάποιο αρχαίο ιερό υψωνόταν άλλοτε εδώ. Δεν πρόκειται όμως για το μοναδικό τόπο πρόσμειξης της αρχαίας ελληνικής θρησκείας με την ορθόδοξη πίστη. Οι μοναχοί που (στέκ)(κάθ)ονται στο προαύλιο είναι πολύ πιθανόν να ήρθαν για προσκύνημα από το μοναστήρι της Παναγίας της Χοζοβιώτισσας, το οποίο κτίστηκε στο νησί κατά τον 11ο αιώνα, στη θέση όπου βρισκόταν το μαντείο της Αμοργού στους αρχαίους χρόνους.

The church of the Panagia Epanochoriani (our Lady of the Upper Village) is located, not surprisingly, above the village of Laganas on Amorgos. Ancient marbles embedded in the façade of the church indicate that an earlier sanctuary stood on this spot. This is not the island's only site of fusion between the ancient religion and Orthodox Christianity. The monks in the courtyard are most likely visiting from the island's Hozoviotissa monastery, which was built in the 11th century on the grounds of the ancient oracle of Amorgos.

Η βυζαντινή εκκλησία του Αγίου Γεωργίου στο Βουνό βρίσκεται στο ψηλότερο σημείο του νησιού των Κυθήρων, σε μία βουνοκορφή που βλέπει στα χωριά Διακόφτι και Αβλέμονα. Η εκκλησία με τη μακραίωνη ιστορία έχει δει τον ήλιο να δύει σε διάφορες περιόδους· λέγεται ότι κτίστηκε από την αυτοκράτειρα Θεοδώρα (και υπέρ αυτής της παράδοσης συνηγορούν τα βυζαντινά ψηφιδωτά δάπεδα), αλλά οι αρχαιολόγοι ανακάλυψαν πρόσφατα ένα μινωικό ιερό στα θεμέλιά του, το πρώτο τέτοιο εύρημα που έχει εντοπιστεί εκτός Κρήτης, πράγμα το οποίο μαρτυρεί ότι η συγκεκριμένη βουνοκορφή αποτελούσε τόπο λατρείας ήδη από το 3.000 π.Χ.

The Byzantine church of Agios Giorgos Vounou (Saint George of the Mountain) is situated on the highest peak of the island of Kythera, on a mountaintop overlooking the villages of Diakofto and Avlemonas. The historic church has seen the sun set on several eras; it is said to have been built by the Empress Theodora (and has the Byzantine floor mosaics to back up this claim), but archaeologists recently discovered a Minoan sanctuary on its grounds, the first of its kind outside of Crete, which indicates that this mountaintop has been a site of worship since 3000 BC.

Η πιο γνωστή εκκλησία της Πάρου είναι αυτή της Παναγίας της Εκατονταπυλιανής (ή Καταπολιανής, της Παναγίας με τα 100 ανοίγματα-πόρτες), για την οποία λέγεται ότι κτίστηκε από την Αγία Ελένη, μητέρα του αυτοκράτορα Κωνσταντίνου, ως εκπλήρωση τάματος προς την Παναγία. Πρόκειται για μία εκκλησία με 99 φανερά ανοίγματα, αλλά και ένα κρυφό άνοιγμα που, σύμφωνα με την παράδοση, θα αποκαλυφθεί μόνον όταν οι Έλληνες πάρουν ξανά την Πόλη. Μία από τις τελευταίες θέσεις στην κατάταξη που αφορά το μέγεθος των εκκλησιών της Πάρου καταλαμβάνει αυτό το ιδιωτικό εκκλησάκι, το οποίο έχει μία μόνο πόρτα, ένα καμπαναριό, καθώς και πιο ταπεινή καταγωγή. Αν και δεν ξέρουμε πολλά γι' αυτό, θα μπορούσε εντούτοις να λέγεται το Χιλιαγκάθινο Εκκλησάκι, έχοντας πάρει το όνομά του από το εικονιζόμενο φυτό βοκαμβύλια.

The most famous church on Paros is that of the Panagia Ekatontapyliani, Our Lady of the 100 Doors, which is said to have been commissioned by Saint Helen, the mother of the Emperor Constantine, and has 99 visible openings, along with one hidden one which will only become visible, legend has it, when Istanbul reverts to Greek control. On the other end of the spectrum of churches on Paros, the small private chapel in this photo has just the one door, one bell tower, and no imperial pedigree. Its name is unknown, but it could be called the Church of the Thousand Prickers, after the bougainvillea plant in the photo.

Ο μακρύς και φιδίσιος δρόμος
στο νησί των Κυθήρων
είναι βέβαιο πως οδηγεί
σε πολλές πόρτες, μία από
τις οποίες ανήκει σε αυτό
το μικροσκοπικό ιδιωτικό
εκκλησάκι. Το τελευταίο
προσφέρει πνευματική
τροφή στους διερχόμενους
αυτοκινητιστές που μπορεί
να θέλουν να σταματήσουν
για να προσευχηθούν και να
ανάψουν ένα κεράκι· όμως
το ίδιο ισχύει και για την
οικογένεια που το έκτισε, είτε
στην άκρη της ιδιοκτησίας της
είτε προς ανάμνηση του τόπου
ενός δυστυχήματος στο οποίο ο
οδηγός σώθηκε από θαύμα.

The long and winding road on
Kythera undoubtedly leads to
several doors, and one belongs to
this tiny private chapel. The church
provides spiritual sustenance for
passing motorists who may want
to stop to say a prayer and light a
candle, as well as for the family that
built it, either on the edge of their
property or to commemorate the
site of an accident in which a driver
may have been miraculously saved.

Το ποσοστό των εκκλησιών της Τήνου που είναι αφιερωμένες στην Παναγία ανέρχεται περίπου στο 17% (83 ορθόδοξες και 43 ρωμαιοκαθολικές εκκλησίες από τους 750 χώρους λατρείας που υπάρχουν συνολικά στο νησί). Κατά τους εορτασμούς προς τιμήν της Παναγίας (η γιορτή της Κοιμήσεως της Θεοτόκου στις 15 Αυγούστου είναι η πιο σημαντική, υπάρχουν όμως και αρκετές άλλες γιορτές καθ' όλη τη διάρκεια του έτους), γίνεται περιφορά της εικόνας Της στους δρόμους της Χώρας. Είναι μεγάλη τιμή να υποβαστάζει κανείς την εικόνα κατά την περιφορά της, αλλά και ιερό χρέος που οι εικονιζόμενοι άντρες επωμίζονται με μεγάλη ευλάβεια. Στα δεξιά της φωτογραφίας, ο άντρας που χτυπάει την καμπάνα της εκκλησίας έχει αναλάβει λιγότερο βαριά καθήκοντα.

Almost 17 percent of the churches on Tinos are dedicated to the Virgin Mary (83 Orthodox churches and 43 Catholic ones out of the 750 houses of worship on the island). On feast days devoted to the Panagia (August 15th, the festival of the Dormition, is the most notable, but there are several others throughout the year), the icon of the Virgin is paraded through town. It is a great honor to carry the icon, and a responsibility the men in this photo are taking very seriously. The man on the right, ringing the church bell, has a somewhat more lighthearted job.

Στο νησί της Σαντορίνης,
αυτό το άσπρο καμπαναριό
υψώνεται από τη σκωριόχρωμη
αμμουδιά της Κόκκινης
Παραλίας, δημιουργώντας
έντονη αντίθεση με τους
απόκρημνους βράχους που
γέννησε η λάβα, όπως φαίνεται
στο βάθος της φωτογραφίας.
Η εκκλησία είναι αφιερωμένη
στον Άγιο Νικόλαο, προστάτη
των ναυτικών, αλλά σήμερα
πλέον, κατά τους θερινούς
μήνες, η Κόκκινη Παραλία
βλέπει περισσότερους
λουόμενους απ' ό,τι
θαλασσοπόρους.

This white bell tower rises
from the rust-colored sands
of Red Beach on the island
of Santorini, making a sharp
contrast to the lava cliffs
behind it. The church is
dedicated to Agios Nikolaos,
the patron saint of sailors, but
today, in summer, Red Beach
sees more sunbathers than
seafarers.

Μερικά εκκλησάκια έχουν καταπληκτική θέα· όμως το εικονιζόμενο εκκλησάκι στερείται οποιασδήποτε θέας. Ο ναός της Αγίας Σοφίας, στο νησί των Κυθήρων, απέκτησε την αρχική του μορφή το 1875, όταν κάποιοι ναυτικοί έφτιαξαν ένα τέμπλο μέσα σε αυτό το σπήλαιο, το οποίο άρχισαν να χρησιμοποιούν ως χώρο λατρείας. Σήμερα γίνονται ξεναγήσεις στο σπήλαιο, που βρίσκεται στο εσωτερικό ενός απόκρημνου βράχου με θέα στην προκυμαία, ενώ στο εκκλησάκι τελούνται βαπτίσεις, όπως και λειτουργία κατά την ημέρα εορτασμού της μνήμης της Αγίας Σοφίας, στις 17 Σεπτεμβρίου.

Some chapels have commanding views; this one has none at all. The church of Saint Sophia on Kythera was founded in 1875 when sailors painted an icon screen inside a cave and began using it as a chapel. Today, tours are given of the cave, which is inside a seafront cliff, and the chapel holds services for baptisms and on Saint Sophia's day, September 17th.

Οι περισσότερες βυζαντινές εκκλησίες, ιδίως οι μεγάλες βασιλικές, είναι σταυροειδείς με τρούλο. Ωστόσο, τα μικροσκοπικά ιδιωτικά εκκλησάκια μπορούν να έχουν οποιαδήποτε αρχιτεκτονική μορφή ανάλογα με τις επιλογές αυτών που τα ανεγείρουν, εφόσον η εκάστοτε κατασκευή αποτελεί έκφραση της πίστης τους. Το εικονιζόμενο εκκλησάκι, στο νησί της Πάτμου, θυμίζει ιγκλού ή μάλλον το εσωτερικό του Ιερού Σπηλαίου της Αποκάλυψης όπου, σύμφωνα με την παράδοση, γράφτηκε το ομώνυμο βιβλίο της Καινής Διαθήκης από τον Ευαγγελιστή Ιωάννη.

Most Byzantine churches, particularly the large basilicas, are built in a cruciform shape with a dome in the center. But a tiny private chapel can follow any form its builders choose to create as an expression of their faith. This one, on the island of Patmos, calls to mind an igloo, or perhaps the interior of the Cave of the Apocalypse, where Saint John is said to have written the Book of Revelation.

Με έτος ίδρυσης το 1088, το μοναστήρι του Αγίου Ιωάννη του Θεολόγου βρίσκεται σε περίοπτη θέση στο νησί της Πάτμου· όμως και το εσωτερικό του προκαλεί το θαυμασμό του προσκυνητή. Το μοναστήρι διαθέτει κελιά όπου ζουν οι μοναχοί, δέκα εκκλησάκια, μία εκκλησία, καθώς και μία βιβλιοθήκη της οποίας η συλλογή περιλαμβάνει χιλιάδες βιβλία, ιστορικά έγγραφα, αλλά και χειρόγραφα. Όλα αυτά αρκούν για να κρατούν απασχολημένους όλη την ημέρα κάποιους ευσεβείς ανθρώπους, όπως οι δύο εικονιζόμενοι, με αποτέλεσμα αυτοί να δέχονται συνεχώς τη θεία φώτιση και κάποτε να νιώθουν αποκαμωμένοι καθώς ανέρχονται την κλίμακα της πνευματικής γνώσης.

The Monastery of Saint John the Theologian, established in 1088, is visible from every part of the island of Patmos. But it is impressive when viewed from the inside as well. The interior contains monks' cells, 10 chapels, a church and a library holding thousands of books, historic documents, and manuscripts. It's enough to fill every moment of the monks' lives leaving holy men, like these two, always inspired and occasionally weary as they climb the steps to spiritual knowledge.

ΠΡΟΣΕΓΓΙΖΟΝΤΑΣ ΤΟ ΘΕΙΟ ||| TOWARDS DIVINITY

Ο πολύ μικρός αυτός χώρος αποτελεί ένα είδος θρησκευτικού ορόσημου —είναι το σπήλαιο όπου ο Ευαγγελιστής Ιωάννης έγραψε το βιβλίο της Αποκάλυψης, μετά τη σύλληψή του στην Έφεσο για τις θρησκευτικές του πεποιθήσεις και τον εξορισμό του από τη Ρώμη στο νησί της Πάτμου. Ο Ευαγγελιστής Ιωάννης, ο οποίος έζησε σε αυτήν τη σπηλιά, ανέφερε ότι είχε οράματα και άκουγε τη φωνή του θεού να του υπαγορεύει την Αποκάλυψη. Σήμερα, το Ιερό Σπήλαιο της Αποκάλυψης είναι χώρος λατρείας και προσκυνήματος. Φαίνεται πως και το κοριτσάκι της φωτογραφίας άκουσε κάποια φωνή... ή απλώς το κλικ της μηχανής του Σμαραγδή.

This tiny space a holy landmark —the cave where St. John, who wrote the Biblical "Revelation" after having been arrested in Ephesus for his religious beliefs and exiled from Rome to the island of Patmos. Living in this cave, Saint John reported that he had visions and heard voices revealing the Apocalypse to him. Today, the Sacred Grotto of the Revelation is a place of worship and pilgrimage. It seems the little girl in the photo also heard a voice...or perhaps just the click of Smaragdis' shutter.

μαζί με τους Ντόπιους ||| with the People

"Just as one particular vineyard will always give you a special wine with discernible characteristics," Lawrence Durrell argued in his essay "Landscape and Character", "so a Spain, an Italy, a Greece will always give you the same type of culture —will express itself through the human being just as it does through its wild flowers." For him, he wrote, "Greekness" was defined by "the enduring faculty of self-expression inhering in the landscape." The Greeks, he explained, are unique in their ability to express themselves, and this gift for self-expression is, he warned, catching. "It takes less than two years for even a reserved British resident to begin using his fingers in conversation without being aware of the fact," he observed.

The Greeks in these photos do exhibit —or even flaunt— this gift for self-expression, from the young boy in ceremonial dress spreading his arms like an eagle to the grandmotherly woman, her face half-covered by a kerchief, whose eyes exude both her pride in her grape harvest and the weariness of the toil it took to achieve that success. But while Smaragdis' subjects posses the gift for self-expression, for individualism, a concept that many argue was invented in Ancient Greece, what is striking is that they also possess its opposite: each face is inextricably linked to a place or a community that is larger than him or herself. What is it about the old man in the headscarf that makes him so typically Cretan? The scarf, yes. The moustache, maybe. Not the Hanes undershirt. But there is also something less tangible, the look in his eye, the set of his mouth, that reveals him to be a proud link in a long chain of Cretan pallikaria, a word that is virtually untranslatable but means something like braves or heroes. Like Durrell's grapes, the people in these photos can't escape the place of their cultivation, the earth that made them sweet and spicy and intoxicating.

By taking their photo, Smaragdis has joined their community, however briefly. "I used to think I was collecting moments, instants," he writes about shooting photographs. "Then I realized that I wasn't just making a fossil of a moment but opening my soul to the endlessness of time." And, in the case of these photographs, capturing and preserving the endless, timeless souls of his subjects.

ΜΑΖΙ ΜΕ ΤΟΥΣ ΝΤΟΠΙΟΥΣ

«Όπως ένα συγκεκριμένο αμπέλι σού δίνει πάντα ένα ιδιαίτερο κρασί με ευδιάκριτα χαρακτηριστικά», υποστήριζε ο Λόρενς Ντάρελ στο δοκίμιό του "Τοπίο και χαρακτήρας" (Landscape and Character), «έτσι και μια Ισπανία, μια Ιταλία, μια Ελλάδα σού δίνει πάντα το ίδιο είδος πολιτισμού, εφόσον μια χώρα εκφράζεται διαμέσου του ανθρώπινου όντος κατά τον ίδιο ακριβώς τρόπο με τον οποίο εκφράζεται μέσα από τα αγριολούλουδα». Σύμφωνα με τα γραφόμενά του, η «ελληνικότητα» χαρακτηρίζεται «από τη μόνιμη ικανότητα προσωπικής έκφρασης η οποία ενυπάρχει στο τοπίο». Οι Έλληνες, όπως διευκρίνιζε, ξεχωρίζουν για την ικανότητά τους να εκφράζουν τον εαυτό τους, ενώ προειδοποιούσε ότι αυτό το χάρισμα της προσωπικής έκφρασης είναι μεταδοτικό. «Μέσα σε λιγότερο από δύο χρόνια, ακόμη κι ένας συνεσταλμένος Βρετανός που διαμένει στην Ελλάδα, αρχίζει ασυναίσθητα να χειρονομεί όταν μιλάει», όπως σημείωσε, αναφερόμενος και στη δική του ιδιότητα ως Βρετανού που είχε μετοικήσει στην Ελλάδα.

Στις παρούσες φωτογραφίες, οι Έλληνες πράγματι αφήνουν να φανεί —ή και επιδεικνύουν— τούτο το χάρισμα της προσωπικής έκφρασης, είτε πρόκειται για τον επίσημα ντυμένο νεαρό που απλώνει τα χέρια του σαν αετός, είτε για τη γιαγιά που έχει το μισό της πρόσωπο σκεπασμένο με μαντίλι και που στα μάτια της καθρεφτίζεται τόσο η περηφάνια της για τον τρύγο, όσο και η εξάντληση από το μόχθο που χρειάστηκε για μια τέτοια επιτυχία.

Ωστόσο, παρόλο που στις φωτογραφίες του Σμαραγδή οι άνθρωποι έχουν το χάρισμα της προσωπικής έκφρασης, της ατομικότητας —μία έννοια που, όπως πολλοί υποστηρίζουν, επινοήθηκε στην αρχαία Ελλάδα— είναι εκπληκτικό το γεγονός ότι οι άνθρωποι αυτοί διαθέτουν και την αντίθετη ιδιότητα: κάθε πρόσωπο είναι αδιάρρηκτα συνδεδεμένο μ' έναν τόπο ή μία κοινωνία, τα οποία με τη σειρά τους το περικλείουν. Τι να είναι όμως αυτό που κάνει το γεροντάκι με το κεφαλομάντιλο να δείχνει γνήσιος Κρητικός; Εντάξει, το σαρίκι· ίσως και το μουστάκι, πάντως όχι η φανέλα. Υπάρχει βέβαια και κάτι λιγότερο χειροπιαστό, στο βλέμμα του, στο σχήμα του στόματός του, που φανερώνει ότι είναι ένας περήφανος κρίκος σε μια μακριά αλυσίδα παλικαριών που έβγαλε η κρητική γη, ενώ είναι αλήθεια πως σε άλλες γλώσσες παραμένει αμετάφραστη η λέξη «παλικάρι» που σημαίνει το γενναιόψυχο και συνάμα τον ήρωα. Όπως συμβαίνει και με τα αμπέλια του Ντάρελ, οι εικονιζόμενοι άνθρωποι σε αυτές τις φωτογραφίες αδυνατούν να αποκοπούν από τον τόπο όπου αναπτύχθηκαν, από τη γη που τους γέννησε έτσι γλυκείς και αψείς, ώστε να γίνονται μεθυστικοί για τους άλλους.

Ο Σμαραγδής, διαμέσου των φωτογραφιών αυτών, γίνεται μέλος της κοινωνίας τους, έστω και για λίγο. «Άλλοτε πίστευα ότι έκανα συλλογή από στιγμές, από στιγμιότυπα», γράφει για την τέχνη της φωτογραφίας. «Ύστερα συνειδητοποίησα ότι δεν έφτιαχνα απολιθώματα στιγμών, αλλά ότι άνοιγα την ψυχή μου στο ατελεύτητο του χρόνου». Όσο για τις συγκεκριμένες φωτογραφίες, απαθανατίζει και διαφυλάσσει τις αιώνιες και άχρονες ψυχές των ανθρώπων που συλλαμβάνει ο φακός του.

Ο άντρας με το κρητικό κεφαλομάντιλο και τα στιβάνια (ψηλές μπότες) της γενέτειράς του Κρήτης πιάνει επ' αυτοφώρω το φωτογράφο μας· στυλώνει το βλέμμα του στον Σμαραγδή, ενώ ο φίλος που κάθεται δίπλα του —καθότι πιο ονειροπόλος— παραμένει αμέτοχος, χαμένος μέσα σ' ένα σύννεφο καπνού από τσιγάρα. Πάντως, ο άντρας που τιμά δεόντως το κρητικό κεφαλομάντιλο δεν είναι ο μόνος που τηρεί τις τοπικές παραδόσεις· τα ομοιοκατάληκτα δίστιχα πάνω στον τοίχο του καφενείου που βρίσκεται στον Αρόλιθο γράφουν «Την πόρτα του Αρόλιθου όποιος την περάσει, την Κρητική παράδοση δύσκολα θα ξεχάσει. Θα συναντήσει ομορφιές της Κρήτης ξεχασμένες, που μόνο στον Αρόλιθο έχουνε φυλαγμένες.»

Our photographer is caught in the act by the man wearing the Cretan headwrap and high boots of his native Crete; he stares at Smaragdis while his dreamier companion remains oblivious, lost in a haze of cigarette smoke. The man making non-ironic use of the Cretan headwrap isn't the only one hanging on to local traditions; the rhyming couplets on the wall of Arolithos cafe read "Anyone who passes through Arolithos' door/ Will find Cretan traditions that are hard to ignore/ He'll find Cretan treasures that have started to disappear/ but that, at Arolithos, are protected here."

Στα ορεινά χωριά της Κρήτης, οι μεγαλύτεροι σε ηλικία άντρες ντύνονται με την παραδοσιακή φορεσιά, ακόμη και αν χρησιμοποιούν κινητό. Ο εικονιζόμενος άντρας φοράει με καμάρι το σαρίκι, ένα λεπτό μαντίλι που οι Κρήτες τυλίγουν στο κεφάλι τους. Λέγεται ότι τα κρόσσια που κρέμονται στις άκρες του συμβολίζουν τα δάκρυα της Κρήτης, όμως το φορτωμένο με αναμνήσεις κεφαλοκάλυμμα εξυπηρετεί και πιο πρακτικούς σκοπούς, αφού παρέχει ζεστασιά το χειμώνα και προστασία από τον ήλιο το καλοκαίρι, τότε που οι αγρότες βουτούν τα μαντίλια τους όπου υπάρχει νερό, θέλοντας να φτιάξουν το προσωπικό τους σύστημα ψύξης. Το μαύρο πουκάμισο και το αρρενωπό μουστάκι μαρτυρούν πως ο άντρας αυτός είναι Κρητικός, και σε αυτό συνηγορεί και το απόμακρο βλέμμα του, το οποίο σε κάνει να πιστεύεις ότι καταγίνεται με τη σύνθεση μαντινάδων, με τα πολύ γνωστά ομοιοκατάληκτα δίστιχα που είναι ίδιον του τόπου.

In the mountain villages of Crete, many older men wear their traditional costume even as they chat on their cell phones. This gentleman is sporting the sariki, a netted kerchief wound around the head. The fringe trailing off it is said to represent the tears of Crete, but the romantic scarf also has practical applications, providing warmth in winter and sun protection in summer, when men in the fields dip their scarves into any available water to create a personal cooling device. His black shirt and virile moustache also mark this man as a Cretan, as does the far-off look in his eye, which leads one to imagine he is busy composing mantinades, the celebrated local rhyming couplets

Με αφορμή την ημέρα εορτασμού της Κοιμήσεως της Θεοτόκου, το Δεκαπενταύγουστο, η γυναίκα αυτή —που κατάγεται από την Κρήτη— φοράει τη στολή της, την παραδοσιακή ενδυμασία της περιοχής. Ορισμένα αξεσουάρ προσθέτουν μια πιο σύγχρονη νότα στην αμφίεσή της: ο κρεμαστός σταυρός που είναι σημερινό κόσμημα, το έντονο κραγιόν, αλλά και το φρεσκοκομμένο λουλούδι που έχει στερεώσει στα κοντά της μαλλιά.

In honor of the celebration of the Dormition of the Virgin Mary, on August 15th, this Cretan woman is wearing her stoli, the traditional outfit of her region. She has accessorized with a few modern touches —her contemporary cross pendant, vibrant lipstick and a fresh flower tucked into her short hair.

Ο Όμηρος περιέγραψε τη λιμνοθάλασσα του Αιτωλικού, που βρίσκεται κοντά στο Μεσολόγγι, ως έναν από τους μεγαλύτερους και πιο σημαντικούς υγροβιότοπους της Μεσογείου. Ο ψαράς της φωτογραφίας δεν θα μπορούσε να έχει διαφορετική γνώμη. Εξακολουθεί να ψαρεύει στη λιμνοθάλασσα χρησιμοποιώντας το λεγόμενο σταφνοκάρι, τα παραδοσιακά δίχτυα της περιοχής που απλώνονται πίσω του σαν φτερά.

Homer described the Aetoliko lagoon, near Messolonghi, as one of the largest and most important wetlands in the Mediterranean. This fisherman could not agree more. He continues to work the lagoon using stafnokari, the region's traditional nets, which spread out behind him like wings.

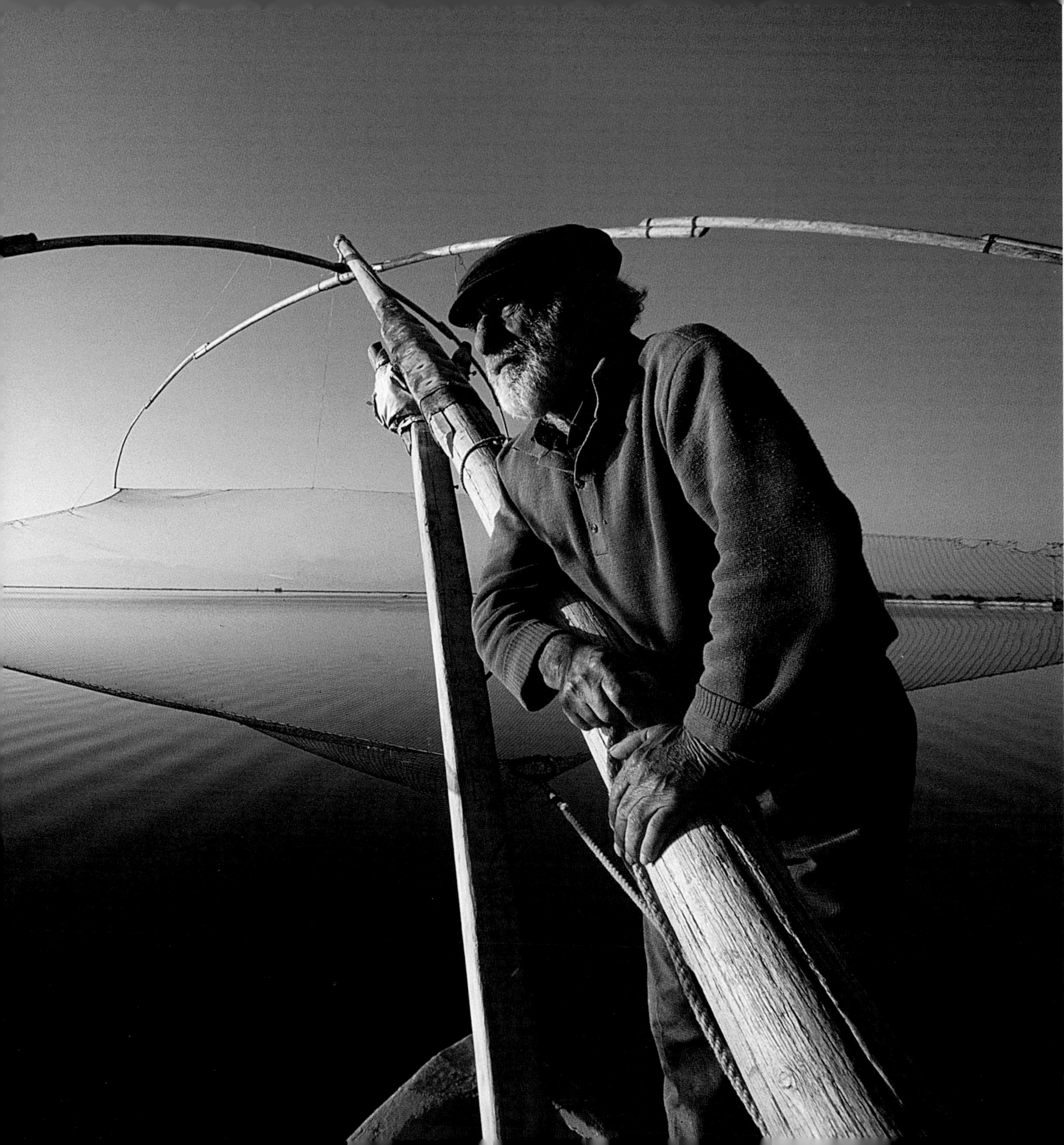

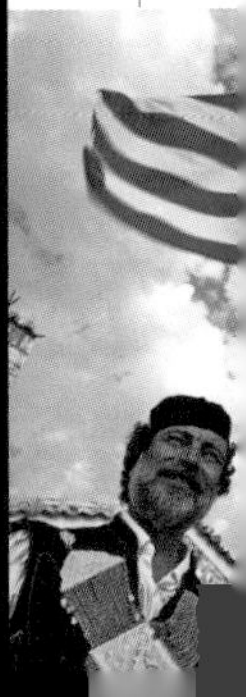

Η παρούσα φωτογραφία αποτελεί μία απεικόνιση του πατριωτισμού, και αυτό όχι μόνο λόγω της ύπαρξης των σημαιών, αλλά και χάρη στην όψη πατέρα και γιου, οι οποίοι έχουν συγκεντρωθεί μαζί με άλλους πιστούς για το πανηγύρι που γίνεται κάθε χρόνο στο μοναστήρι του Αγίου Συμεών (Αϊ-Συμιού), σε απόσταση οκτώ χιλιομέτρων από το Μεσολόγγι. Κατά τη δεύτερη πολιορκία του Μεσολογγίου, έπειτα από μία τοπική εξέγερση κατά της τουρκικής διοίκησης, 10.500 κάτοικοι της πόλης που βρίσκονταν σε κατάσταση λιμοκτονίας επιχείρησαν να την εγκαταλείψουν, βγαίνοντας από την πύλη που σήμερα ονομάζεται «πύλη της εξόδου», στις 10 Απριλίου 1826. Οι περισσότεροι από αυτούς έχασαν τη ζωή τους, αλλά τα 1.800 άτομα που βρήκαν καταφύγιο στο παραπάνω μοναστήρι επέζησαν, ενώ την ημέρα του Αγίου Πνεύματος τελούνται κάθε χρόνο εορταστικές εκδηλώσεις προς ανάμνηση του γεγονότος.

This photo depicts patriotism, not just in the flags, but also in the faces of the father and son who have gathered for the annual festival at the monastery of Saint Simeon (Ai Simiou), eight kilometers outside of Messolonghi. During the second siege of Messolonghi, after a local revolt against the Turkish government, 10,500 starving townspeople attempted to flee the city through what is now called the "Exodus Gate" on April 10, 1826. Most were killed, but the 1,800 who took refuge at the monastery survived and are celebrated each year on Whitmonday.

Με τα μάτια κλειστά και μία έκφραση απόλυτης συγκέντρωσης ζωγραφισμένη στο πρόσωπό του, ο εικονιζόμενος νεαρός δείχνει να είναι έτοιμος να χορέψει με πάθος έναν ζεϊμπέκικο —έναν μοναχικό χορό που θυμίζει «πέταγμα αετίσιο», και όλα αυτά κατά τους εορτασμούς που γίνονται στο μοναστήρι του Αγίου Συμεών με αφορμή την επέτειο της εξόδου του Μεσολογγίου. Ο χορός, δίνοντας την αίσθηση των κάθετων εφορμήσεων του αετού —ο οποίος θεωρείται παγκόσμιο σύμβολο ελευθερίας— θα αποτελέσει για το νεαρό ένα είδος προσωπικού μνημείου, με το άγαλμα που έχει στηθεί προς ανάμνηση της επετείου της εθνικής ανεξαρτησίας της Ελλάδας να συμπληρώνει το σκηνικό στο βάθος.

With his eyes closed and an expression of rapt concentration on his face, this boy looks as if he is about to start a passionate zeibekiko —the solo "eagle dance"— during the festival honoring the Exodus of Messolonghi at the monastery of Saint Simeon. The dance, which mimics the swooping movements of the bird that is a worldwide symbol for freedom, will be the boy's own personal monument, with a statue commemorating Greek Independence Day as his backdrop.

Η έξοδος του Μεσολογγίου ενέπνευσε το ποίημα «Ελεύθεροι πολιορκημένοι» στον Έλληνα ποιητή Διονύσιο Σολωμό, αλλά και τον πίνακα «Η Ελλάδα στα ερείπια του Μεσολογγίου» στον Γάλλο ζωγράφο Ευγένιο Ντελακρουά. Τα γεγονότα εκείνης της ημέρας φαίνεται να αποτελούν πηγή έμπνευσης και για τον εικονιζόμενο νεαρό, ο οποίος είναι ντυμένος με την ανάλογη αμφίεση ώστε να συμμετάσχει στους εορτασμούς για την επέτειο της εξόδου.

The Exodus from Messolonghi inspired the poem "The Free Besieged" by the Greek poet Kostis Palamas, and the painting "Greece Expiring on the Ruins of Messolonghi" by the French artist Eugene Delacroix. The events of that day also seem to be a source of inspiration for this young man who is dressed to join in the celebration honoring the exodus.

Γιατί είναι χαμογελαστός αυτός ο άντρας; Ο εικονιζόμενος νησιώτης, κάτοικος της Αμοργού, έχει εδώ ό,τι ακριβώς του χρειάζεται — ένα πιστό γαϊδουράκι, μία γαλάζια ψαρόβαρκα που της έχει δώσει το όνομα «Άγιος Νεκτάριος», προς τιμήν του ομώνυμου αγίου, αλλά και χιλιόμετρα θάλασσας για να κάνει τις περιπλανήσεις του.

Why is this man smiling? A resident of the island of Amorgos, he has everything he needs right here — a faithful donkey, a blue fishing boat dedicated to Saint Nektarios, and miles of ocean to wander.

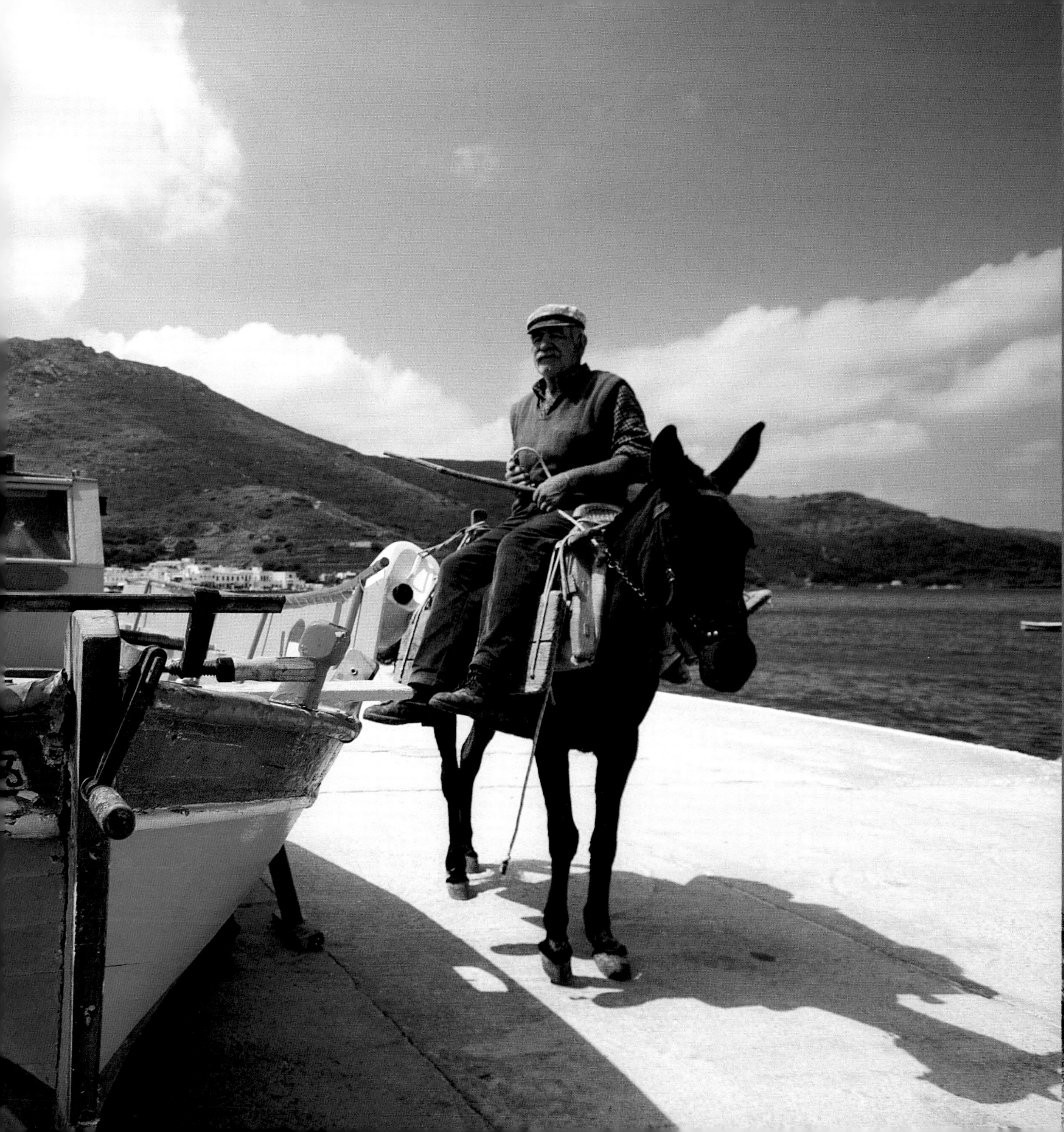

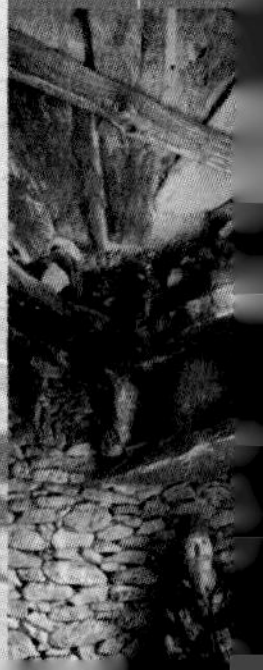

Η κατασκευή αυτή —που μοιάζει με λιθόκτιστο ιγκλού— λέγεται μαντρί ή χειμαδιό και το χειμώνα στην Αμοργό μετατρέπεται σε ένα ζεστό και άνετο χώρο για τον εικονιζόμενο βοσκό, αλλά και για το κοπάδι του, κατά την περίοδο που οι τσοπάνηδες βγάζουν τα πρόβατα να βοσκήσουν σε πεδινά βοσκοτόπια.

This structure, which resembles a stone igloo, is called a madri or a himadi, and it becomes a cozy home for this shepherd —and his flock— on Amorgos in winter, as he guards his sheep in their lowland pastures.

Έφτασε σπίτι ο ναυτικός, γύρισε από τη θάλασσα —και, στη συγκεκριμένη περίπτωση, βαδίζει σε δρομάκια με ασβεστωμένες καμάρες και στοές, στη Χώρα, στο νησί της Αμοργού, όπου η κυκλαδική αρχιτεκτονική της μεσαιωνικής εποχής προστατεύεται από τους νόμους της πολιτείας. Ίσως ο εικονιζόμενος άντρας να κατευθύνεται προς το μικρότερο εκκλησάκι της Ελλάδας, τον Άγιο Φανούριο, που βρίσκεται στη Χώρα και είναι ικανό να χωρέσει μόλις τρεις προσκυνητές.

Home is the sailor, home from the sea —and, in this case, making his way through the white-washed archways of Chora on Amorgos, where the medieval Cycladic architecture is protected by government ordinance. Perhaps this man is en route to Greece's smallest church, Agios Fanourios, which is located in Chora and only fits three worshippers.

Η ίδια ατμόσφαιρα σε άλλο νησί. Βρισκόμαστε τώρα στα Κύθηρα, νησί του Ιονίου, σε αντίθεση με την Αμοργό που ανήκει στις Κυκλάδες. Ωστόσο, ακόμα και εδώ το σκηνικό παραμένει το ίδιο, καθώς οι άντρες απολαμβάνουν τον καφέ τους, την κουβέντα τους, καμαρώνοντας για το περιποιημένο μουστάκι τους. Παρατηρήστε τις δύο γυναίκες στα δεξιά της φωτογραφίας, οι οποίες έχουν διεισδύσει σε μια γωνιά του ιερού αυτού χώρου αλλά δεν φαίνονται να διστάζουν να πουν τη γνώμη τους. Μπορεί η αγαθοεργία να βρίσκει εφαρμογή πρώτα στην οικογενειακή εστία, στην περίπτωση όμως αυτή ο φεμινισμός βρίσκει την πρώτη του εφαρμογή στο καφενείο.

Same story, new island. Now we're on Kythera, an Ionian island as opposed to Cycladic Amorgos. But otherwise the scene's the same, with men enjoying coffee, conversation, and the personal pride that comes with a well-trimmed moustache. Notice the two women on the right, who have infiltrated a corner of this sacred space and don't seem to be shy about sharing their own views. Charity may begin at home, but, in this case, feminism begins at the kafenion.

Στο νησί της Αμοργού συναντάει κανείς το μαγαζί που τα έχει όλα, εκεί όπου οι εικονιζόμενοι κύριοι, έχοντας δουλέψει σκληρά για μια ολόκληρη ζωή, δικαιούνται πλέον να περνούν όλη τη μέρα τους στο καφενείο, το οποίο βρίσκεται στο κέντρο της μικρής πόλης. Εδώ μπορούν να πίνουν τον καφέ τους ή να λένε τις αμπελοφιλοσοφίες τους, να βλέπουν τηλεόραση που σίγουρα θα υπάρχει κάπου ψηλά σε μια γωνιά, καθώς και να συζητούν για τα θέματα της επικαιρότητας, απαλλαγμένοι από τις όποιες έντονες παρεμβολές που θα μπορούσαν να τους δημιουργούν οι γυναίκες τους —με εξαίρεση τη γυναίκα που εργάζεται εδώ. Πρόκειται για ένα μέρος όπου μπορούν να βρουν ό,τι χρειάζονται —από απορρυπαντικό για τα ρούχα ως και συντροφικότητα για να γαληνεύει η ψυχή τους.

It's one-stop-shopping on the island of Amorgos, where these gentlemen, having worked hard all their lives, have now earned the right to spend all day in the kafenion, the coffee-house in the center of town. Here they can drink coffee or moonshine, watch the TV that's undoubtedly mounted in the corner, and debate the news of the day, free of the more energetic interference of women —except for the one who works here. It's a place where they can find everything they need, from Tide to clean their clothes to fellowship to soothe their souls.

Ιδού ένας άντρας στο χώρο της δουλειάς του —και συγχρόνως στο σπίτι του. Ο φαροφύλακας μένει σ' ένα μονώροφο άσπρο κτίσμα, δίπλα στο φάρο που βρίσκεται στο Μουδάρι, στο ακρωτήρι Σπαθί των Κυθήρων. Από το φάρο έχει θέα στη Νεάπολη της Πελοποννήσου, πέρα μακριά, ενώ βοηθά τους ναυτικούς να πλέουν με ασφάλεια. Ζει επί χρόνια σε αυτόν το χώρο, αλλά ως προς την αρχαιότητα υπολείπεται κατά πολύ του ίδιου του φάρου, καθώς ο πύργος του κτίστηκε το 1901.

A man at work —and at home. The lighthouse keeper lives in a one-storey white house at the base of Moudari lighthouse at Cape Spathi on the island of Kythera. From the lighthouse, he can see Neapolis, on the Peloponnese, in the distance, as he helps guide sailors to safety. He has lived at the base of the lighthouse for years, but the tower itself, built in 1901, predates him.

Η ανάδειξη του παρελθόντος αποτελεί μέρος των καθημερινών δραστηριοτήτων αυτών των οικολόγων,
οι οποίοι αναστηλώνουν και διαφυλάσσουν ένα αρχαίο φρούριο στο νησί των Κυθήρων.

Illuminating the past is one of the aspects of their day job for these conservationists, who
are restoring and protecting an ancient fortress on the island of Kythera.

Ο εικονιζόμενος κύριος είναι η προσωποποίηση του χρόνου, έτσι όπως επιδιορθώνει τα ρολόγια στο νησί των Κυθήρων. Το εργαστήρι του είναι γεμάτο αντικείμενα που ξυπνούν μνήμες από το παρελθόν, από τη διαφήμιση τσιγάρων που βλέπουμε πάνω από τον καθρέφτη μέχρι τα παλιά ρολόγια που κρέμονται στους τοίχους. Κάτι που θυμίζει το παρόν —μία τηλεόραση— αντανακλάται στον καθρέφτη, όμως ο άνθρωπος αυτός θα μπορούσε να ιδωθεί ως αντικαθρέφτισμα των αρχαίων Ελλήνων που εφεύραν το Μηχανισμό (ή Αστρολάβο) των Αντικυθήρων, ένα είδος αρχαίου αναφορικού ρολογιού/αναλογικού υπολογιστή που ανασύρθηκε από ναυάγιο ανοιχτά των Αντικυθήρων, του νησιού-δορυφόρου των Κυθήρων.

This gentleman plays the role of Father Time, repairing clocks on the island of Kythera. His workshop is filled with reminders of the past, from the cigarette ad above the mirror to the old clocks on the wall. A reminder of the present —the TV— is reflected in the mirror, but the man himself could be seen as a reflection of the ancient Greeks who invented the Antikytheran machine, an ancient timepiece/proto-computer that was found in a shipwreck off the coast of Antikythera, Kythera's satellite isle.

Τα καλάθια που έχουν τη μεγαλύτερη ζήτηση φτιάχνονται στο χωριό Βώλακας της Τήνου, από καλαθοπλέκτες όπως ο εικονιζόμενος άντρας. Η τέχνη της καλαθοπλεκτικής εξασκείται στο νησί από το 18ο αιώνα, ενώ έφτασε στο απόγειο της ακμής της στις αρχές του 20ού, κατά την περίοδο που αποστέλλονταν εβδομαδιαίως έως και 4.000 καλάθια, γεμάτα σύκα, στη Σμύρνη και από εκεί διοχετεύονταν στις αγορές όλης της Ευρώπης.

The most sought-after baskets in Greece are made in the village of Volax on Tinos, by artisans like this man. The craft has been practiced on the island since the 18th century, and reached its height at the start of the 20th century when up to 4,000 baskets a week were sent to Smyrna, filled with figs, and shipped to markets all over Europe.

Λέγεται ότι η Ελίζαμπεθ Τέιλορ έχει βιολετί μάτια, αλλά η εικονιζόμενη γυναίκα, που ξαποσταίνει από τον τρύγο στους αμπελώνες του Κτήματος Χατζημιχάλη, στην Αταλάντη, της έβαλε τα γυαλιά· καταφέρνει να έχει πράσινα και συγχρόνως βιολετί μάτια, τα οποία συνδυάζονται τέλεια με ένα τσαμπί σταφύλια που επιδεικνύει με τόση περηφάνια.

Elizabeth Taylor is said to have violet eyes, but this woman, taking a break from the trigo, or grape harvest, at the Hatzimichalis Vineyards in Atalanti puts her to shame. Her eyes manage to be both green and purple, perfectly matching the bunch of grapes she so proudly displays.

ΤΟ ΛΕΥΚΩΜΑ *ΜΑΓΙΚΗ ΕΛΛΑΔΑ*
ΕΚΔΟΘΗΚΕ ΑΠΟ ΤΙΣ ΕΚΔΟΣΕΙΣ ΚΕΡΚΥΡΑ Α.Ε.
ΤΥΠΩΘΗΚΕ ΚΑΙ ΒΙΒΛΙΟΔΕΤΗΘΗΚΕ ΑΠΟ Σ. ΠΑΞΙΜΑΔΑΚΗΣ & ΣΙΑ Ο.Ε.
ΣΕ 4.000 ΑΝΤΙΤΥΠΑ, ΤΟΝ ΙΟΥΝΙΟ ΤΟΥ 2008

THE ALBUM *MAGICAL GREECE*
WAS PUBLISHED BY KERKYRA PUBLICATIONS S.A.
PRINTED AND BOUND BY S. PAXIMADAKIS & Co.
IN 4.000 COPIES, JUNE 2008